RUDY VANDERCRUYSSE

ICH
UND MEHR ALS ICH

Grundübungen einer Kultur
der Selbstführung

MENON

2015

2. Auflage 2015

Die Deutsche Bibliothek - CIP Einheitsaufnahme
Ein Titelsatz für diese Publikation ist bei der Deutschen Bibliothek
erhältlich.

© 2011 MENON Verlag im Friedrich von Hardenberg Institut e.V.
Hauptstraße 59, D-69117 Heidelberg
Telefon ++49 6221 21350, Telefax -21640
E-Mail: menon-verlag@hardenberginstitut.de
Internet: www.menon-verlag.de

Umschlaggestaltung: Frank Fath, Heddesheim
                    www.frank-fath.de
Satz und Druck: Neumann Druck, Heidelberg

ISBN 978-3-921132-46-3

Inhaltsverzeichnis

Kapitel 4 -
Initiative ergreifen – Konsequent handeln 75

Kapitel 5 -
Achtsam fühlen – sich stimmig ausdrücken 91

Kapitel 6 -
Positivität und Unbefangenheit 109

„Ich bin nicht ich.

Ich bin jener,

der an meiner Seite geht, ohne dass ich ihn erblicke,

den ich oft besuche,

und den ich oft vergesse.

Jener, der ruhig schweigt, wenn ich spreche,

der milde verzeiht, wenn ich hasse,

der umherschweift, wo ich nicht bin,

der aufrecht bleiben wird,

wenn ich sterbe."

Juan Ramon Jimenez[1]

Einleitung

Von Teilnehmern an Selbstführungsseminaren kam wiederholt die Frage, ob es eine schriftliche Handreichung geben kann an diejenigen, die mit dem Thema selbständig weiterarbeiten möchten.

Ich habe versucht, einige Gedanken zu formulieren, die der Selbstführung zugrunde liegen, ohne sie zu sehr argumentativ zu begründen. Wer Selbstführungsfähigkeiten für sein Leben bereits als wichtig erachtet, braucht keine langen und akademischen Auseinandersetzungen und Diskussionen mehr. Auch für die Selbstführungsfähigkeiten gilt schließlich, was Peter M. Senge in Bezug auf „Personal Mastery" schrieb: *„Wir wollen sie, weil wir sie wollen."* [2] Wenn das auf Sie zutrifft, könnten Sie mit Kapitel 3 anfangen.

Es liegt mir aber etwas daran, Selbstführung im menschlichen und historischen Zusammenhang eingebettet zu wissen. Das gibt mir das Gefühl, über meine bloß persönliche Entwicklung hinauszukommen, diese verbunden zu wissen mit einem umfassenderen Geschehen. Dazu sind die ersten zwei Kapitel geschrieben worden. Die weiteren fünf Kapitel beschreiben praktische Übungsmöglichkeiten, die denen der Seminare ähneln und als Anregung zur weiteren Individualisierung gedacht sind. Es geht nämlich weniger darum, Rezepte zu verschreiben, als vielmehr Anregungen und Orientierung zu geben, damit jeder, der das möchte, seinen eigenen Weg finden kann. [3]

> *„Von sich zurücktreten wie ein Maler von seinem Bilde - wer das vermöchte!"*
> Christian Morgenstern

Eine der schwierigsten Konstellationen im Zusammenleben oder in der Zusammenarbeit entsteht dann, wenn ein Partner oder Kollege nicht bereit oder imstande ist, sich selbst über die Schulter zu schauen. Er ist dann nicht nur blind dafür, wie er auf andere wirkt, er bemerkt seine eigenen Fehler nicht. Dann kann er sie auch nicht korrigieren bzw. sein Entwicklungspotential bleibt brach liegen. Es wird ihm nicht einmal bewusst, dass es etwas zu verändern und vor allem zu verbessern gibt. Er lebt in der selbstgenügsamen Zumutung, dass man ihn nehmen muss, wie er ist - wenn nicht gleich in der Illusion, alles besser zu wissen, oder im Selbstmitleid des armen Opfers, das die Unbilden der bösen Welt über sich ergehen lassen muss. Wer sich selbst nicht von außen, gewissermaßen wie ein Fremder beobachten kann, ist in der Regel auch nicht imstande, sich durch die Augen der Anderen zu sehen. Das ist aber eine der wichtigsten Bedingungen für soziales Verständnis. Es zeichnet den Menschen aus, dass er in einem bewussten Selbstverhältnis leben kann, sich nicht mit sich selbst restlos und unablässig identifizieren muss. In einem ersten Kapitel werden wir dieses menschliche Spezifikum etwas genauer betrachten. Es ist die Grundlage und Möglichkeitsbedingung für die Selbstführung, um die es in diesem Buch geht.

Seit längerer Zeit gibt es viele Anzeichen dafür, dass es gegenwärtig mehr denn je darauf ankommt, diese allgemein-menschliche Fähigkeit auch in der Arbeitswelt zum Einsatz kommen zu lassen. Der gesellschaftliche Trend zur Individualisierung fordert zunehmend Eigenverantwortung der Mitarbeiter in einem Unternehmen, ob profitorientiert oder nicht. Das hat Folgen für die Führungskonzepte und die Führungspraxis. Diese sind schon länger einer Evolution unterworfen. Wie verändern sie sich, wenn zunehmend auf Selbstführung als Ziel gesetzt wird? Diese Frage wird Gegenstand des zweiten Kapitels sein.

Die konkrete Verwirklichung der Selbstführung im sozialen Zusammenhang stellt nicht nur hohe Ansprüche an die bisher Führenden, sondern an alle Mitarbeiter. Man kann davon ausgehen, dass sie nicht ohne einen bewussten Willen zur Selbstbefähigung zu erfüllen sind. Es reicht nicht, Eigenverantwortung bloß einzufordern, sie muss auch wirklich gewollt und ermöglicht sein, und man muss ihr auch gewachsen sein. Wenn wir es nicht sind, können wir daran etwas ändern und uns dazu rüsten. Das Hauptanliegen dieses Buchs besteht aus der Schilderung der wichtigsten Teilfähigkeiten einer bewussten Selbstführung. Ausgangspunkt ist unser *Bewusstsein* selbst, unsere kognitiven Fähigkeiten: Wahrnehmen, Denken und deren Verbindung im Urteilen. Einige Möglichkeiten, wie wir wacher wahrnehmen, selbständiger denken lernen und Vorurteile abbauen können, werden im dritten Kapitel beschrieben.

Im vierten Kapitel wird ein Blick auf *Wille*, Motivation und Handeln geworfen, bevor im fünften der Stolperstein des *emotionalen* Lebens untersucht wird. Im sechsten Kapitel wird zusammenfassend auf die *innere Haltung* dieser Selbstentwicklung geschaut. Sie besteht in einem Lern- und Entwicklungswillen, der sich für alle Situationen, Prozesse, Menschen und deren Zukunftsmöglichkeiten öffnet und die eigenen Fähigkeiten zu deren Förderung einzusetzen bereit ist.

Dabei wird immer vorrangig auf die praktische Seite der Selbstbefähigung geblickt. Konkret heißt das: auf Übungsmöglichkeiten. Es gibt keine Selbstbefähigung ohne die Anstrengung des Übens. Nachdem in den Kapiteln 3 bis 6 grundlegende Übungen zu den Teilfähigkeiten der Selbstführung und der Haltung der Selbstentwicklung geschildert wurden, wird im letzten Kapitel nochmals der *Übungsvorgang* als solcher thematisiert. Er ist die Quintessenz der Selbstführung. Missverständnisse, die durchaus naheliegend sind, werden kurz angesprochen, damit man sie besser vermeiden kann.

Zur zweiten Auflage:

In der 2. Auflage finden sich nur geringfügige, aktualisierende Änderungen. Zum einen wird der Tatsache Rechnung getragen, dass die Seminare zur Selbstführungsthematik mittlerweile in mehreren Unternehmen durchgeführt werden und von dort Impulse empfangen. Zum andern ist die Literaturliste um einige neuere Publikationen ergänzt worden.

Kapitel 1 -
Die Würde des Menschen

Selbstführung wäre eine hoffnungslose Sache, wenn sie im Menschen nicht veranlagt wäre. Das ist sie aber. Während Sie dieses lesen, haben Sie ein begleitendes Bewusstsein davon, dass Sie es lesen. Sie wissen es. Es braucht nur eine minimale Verschiebung Ihrer Aufmerksamkeit, um dieses Begleitende ins Zentrum zu rücken. Sie wissen, dass Sie lesen, was Sie lesen, und dass Sie es sind, die es lesen. Das sind Selbstverständlichkeiten. Sie haben aber weitreichende Konsequenzen. Jetzt sind viele Fragen möglich. Wie sind Sie überhaupt dazu gekommen, dies zu lesen? Warum lesen Sie es? Wollten Sie das wirklich? Gefällt Ihnen, was Sie lesen? Finden Sie es interessant? Strengt es Sie an? Schweifen Ihre Gedanken häufig ab? Wie sind Sie überhaupt dabei?

Diese Selbstbefragung führt Sie zunächst dazu, das Lesen zu unterbrechen. Sie fordert Sie vielleicht dazu auf, eine bewusstere Entscheidung zu treffen, ob Sie dies wirklich weiter lesen wollen, und sich klar zu machen, warum. Abgesehen von dieser grundsätzlichen Entscheidung können Sie sich leicht klar machen, dass Sie sich andauernd in einer Entscheidungssituation befinden: wie lange wollten Sie noch lesen? Sie haben noch anderes zu tun oder brauchen eine Pause. Abstrakt und allgemein formuliert: Sie leben und handeln immer in einem Selbstverhältnis, das Sie unweigerlich vor die Frage stellt, wie es im nächsten Moment weitergeht, ob und wie Sie es weiter haben wollen: die Frage Ihrer Selbstentwicklung im Verhältnis zur Welt, die Frage Ihrer Zukunftsgestaltung - im Großen wie im Kleinen. Sie steht zwar nicht immer im Vordergrund, im Zentrum Ihres Bewusstseins; es genügt aber, dass sie im Hintergrund da ist, um unsere Existenz entscheidend von den Pflanzen und sogar von den Tieren zu unterscheiden.

Dieses Selbstverhältnis ist punktuell, in jedem Moment da, es wirkt sich auch langfristig im Lebenslauf aus. Menschen können sich weit und willkürlich zurückerinnern, an den ersten Schultag zum Beispiel. Sie können so etwas wie eine innere, erinnernde Inventur machen und scheinen ein Bedürfnis zu haben, das ab und zu zu tun: „Wo stehe ich in meinem Leben? In meinem Beruf? Meinen Beziehungen? Wie soll es weitergehen?"

Schon kleine Kinder blicken vor dem Schlafengehen gerne auf ihren Tag zurück und erzählen den Eltern über ihre Erlebnisse, wenn diese die Ruhe dafür schaffen. Schönes will wiederholt oder weiter ausgebaut werden, Ungutes bereinigt werden. Wir werden wie zur Selbstkorrektur und Vervollkommnung getrieben. Wir „leiden" unter kreativer Unzufriedenheit. Wo, wie, mit wem möchte ich mich morgen treffen - oder in zehn Jahren leben? Bleibe ich bei dem Unternehmen, in dem ich jetzt arbeite? Bewerbe ich mich woanders? Warum? Was will ich eigentlich erreichen? Was möchte ich ändern? Was will ich bewahren? Was ist mir wirklich wichtig? Auch wenn bei Tieren im Reiz-Reaktionsschema nach Maßgabe ihres Organismus und der Umwelt Lernvorgänge (Konditionierungen) stattfinden, es ist schwer vorstellbar, dass diese Tiere sagen oder denken: „Moment mal!", dass sie sich hinsetzen und bewusst überlegen, ob sie ihr ganzes Leben lang Töne nach demselben Muster pfeifen wollen oder ob es in dieser Zeit noch zu verantworten ist, Nachwuchs zu zeugen ...

Auch die heute vielfach empfohlenen Selbsthilfetechniken, deren Ziel es ist, im Hier und Jetzt zu leben, helfen nur einem Wesen, das im bewussten Selbstverhältnis lebt, sonst hätten sie keinen Sinn. Es kommt weniger darauf an, zu leugnen, dass es eine Vergangenheit und eine Zukunft für uns gibt, als vielmehr darauf, aus der immer neuen Gegenwart das rechte Verhältnis zu ihnen zu finden.

Wir befinden uns hier offensichtlich im spezifisch menschlichen Bereich: Selbstverhältnis, Selbst-Bewusstsein, Selbstbeurteilung, Selbstkorrektur, Selbstgestaltung. Mit „Selbstführung" ist hier zunächst nichts anderes gemeint als das bewusste Aufgreifen und Weiterführen des menschlichen „Spezifikums", dessen, was den Menschen zum Menschen macht. Sie liegt in der Dynamik des menschlichen Selbstverhältnisses. Diese Dynamik manifestiert sich in der Einzelbiographie und deutet sich in der geschichtlichen Entwicklung der Menschheit an.

Die menschliche Biographie

Das kleine Kind erlebt sich primär in der Verbindung mit der Umgebung, im Besonderen mit der Mutter. Wenn es Hunger hat, schreit es, bis es gestillt wird. Mangelerleben und Befriedigung sind Selbst- und Welterlebnis zugleich. Diese Unterscheidung - zwischen Selbst und Welt - macht nur in der Rückschau des Erwachsenen Sinn. Wenn das Kind sprechen lernt, spricht es über „sich selbst" als über einen Teil der Welt - ganz so, wie es andere über diesen Bestandteil der Welt - „Hänschen oder Gretchen" - reden hört. Es kommt aber ein Augenblick, in dem ihm aufgeht, dass es dieser Teil selbst ist. Damit ändert sich die Perspektive vollkommen: ich bin nicht einfach nur etwas in der Welt wie so vieles andere auch, ich bin Ich, ich kann „Ich" zu mir sagen und damit mich meinen. Das kann kein anderer. Kein anderer kann zu mir „Ich" sagen.

Damit bin ich unwiderruflich ein Einzigartiges in dieser Welt geworden, auch in der sozialen Welt, der Menschenwelt. Durch diese Herausgliederung habe ich den ersten Schritt gemacht, ein eigenständiges Mitglied dieser Welt zu werden. Viele Menschen erinnern sich an diesen Augenblick, der wie ein Blitzstrahl das Bewusstsein treffen kann.

Ein Beispiel:

> *„Klar wie ein Bild, das vor mir an der Wand hängt, sehe ich mich an meinem vierten Geburtstag. Ich lief den Gehweg entlang auf ein Dreieck aus Licht zu, das durch den Schnittpunkt dreier Straßen gebildet wurde ..., auf ein Dreieck aus Sonnenlicht, das sich auf den Square Rapp*

*wie auf eine Meeresküste hin öffnete. Auf diesen Teich
von Licht wurde ich vorwärtsgestoßen, von ihm aufge-
sogen, und während ich noch mit Armen und Beinen
ruderte, sagte ich mir: ‚Ich bin vier Jahre alt, und ich
bin Jacques.‘ Man nenne das, wenn man will, die Geburt
der Persönlichkeit. Doch empfand ich dabei zumindest
keinerlei Panikstimmung. Nur der Strahl allumfassender
Freude hatte mich getroffen, ein Blitz aus wolkenlosem
Himmel.“*[4]

Dieser Einschlag ist nur der erste von vielen im Laufe des Le-
bens. Im zweiten Jahrsiebt, um das neunte, zehnte Lebensjahr,
erwachen oft erste kritische Blicke auf die Welt der Eltern und
Erwachsenen, aus der man sich herauswachsen fühlt, Ängste,
Einsamkeitsgefühle, Verunsicherung, die überwunden werden
müssen, aber auch Ahnung von dem eigenen Kommenden.
Man redet hier vom „Rubicon-Alter", weil eine entscheidende
Schwelle in das Leben hinein überschritten wird. Der Dirigent
Bruno Walter beschreibt eine Erinnerung aus dem Jahr 1886,
als er zehn Jahre alt war:

*„Wie es kam, dass ich allein auf dem Schulhof stand,
ist mir nicht mehr erinnerlich - vielleicht hatte ich eine
Stunde des Straf-Nachsitzens hinter mir - ich betrat den
großen Hof, den ich nur erfüllt vom Lärm spielender und
tobender Knaben gekannt und der mir daher doppelt
leer und verlassen erschien. Dort sehe ich mich stehen,
überwältigt von der tiefen Stille, und, indem ich ihr lau-
sche und dem leichten Wind, fühle ich, wie mir aus der
Einsamkeit ein Unbekanntes, Mächtiges ans Herz greift.
Es war meine erste Ahnung, dass ich ein Ich war, mein
erstes Aufdämmern, dass ich eine Seele hatte und dass
sie - von irgendwo her - angerufen wurde.“*[5]

Sattsam bekannt ist die Pubertät, „wenn die Eltern schwierig
werden", - weil man sich auflehnt, eigene Urteile bildet, häufig schwarz-weiß, recht radikal. Man will sein eigenes Leben
leben. Es kann sogar problematisch werden, wenn diese Krise
nicht eintritt oder ein Pubertierender es nicht schafft, „dicht

zu halten", Geheimnisse vor seinen Eltern zu bewahren, seine eigene Innenwelt zu bilden. Wer ein eigenes Ich werden will, muss sich auch von anderen trennen und sich abschließen können, Einsamkeit aushalten lernen, zum Beispiel nicht immer nur gefallen wollen oder tun, was die anderen wünschen oder von einem erwarten. Ein Hilfsmittel, zu dem in dieser Zeit gerne gegriffen wird, ist das Tagebuch, dem man alles anvertrauen kann wie einem zweiten Selbst. Dabei lernt man sich auf natürliche Weise über die Schulter zu schauen. Eine Fähigkeit, die man dann auch im Erwachsenenleben gut gebrauchen kann. Natascha Kampusch, das österreichische Mädchen, das achteinhalb Jahre in einem unterirdischen Verlies eingesperrt war, schreibt, dass sie - wie so oft - in der Nacht lange wach lag:

„Ich musste an meinen Vertrag mit meinem zweiten Ich denken. Ich war 17, der Zeitpunkt, an dem ich diesen Vertrag hatte einlösen wollen, rückte immer näher. Der Vorfall im Baumarkt (sie war während eines Einkaufs, zu dem der Entführer sie mitgenommen hatte, nicht imstande gewesen, sich der Kassiererin zu erkennen zu geben - RV) hatte mir gezeigt, dass ich es allein schaffen musste. Gleichzeitig spürte ich, dass meine Kraft schwand und ich immer tiefer in die paranoide, seltsame Welt rutschte, die der Täter für mich gebaut hatte. Aber wie sollte mein verzagtes, angstvolles Ich zu dem starken Ich werden, das mich an der Hand nehmen und aus dem Gefängnis führen würde? Ich wusste es nicht. Das Einzige, was ich wusste, war, dass ich unendlich viel Kraft und Selbstdisziplin brauchen würde. Woher auch immer ich sie nehmen sollte. - Was mir damals half, waren tatsächlich die Selbstgespräche mit meinem zweiten Ich und meine Notizen."[6]

Auch später im Leben eines Erwachsenen, der nicht dieses extreme Schicksal erleidet, gibt es Krisen, die das Individuum auf sich selbst zurückwerfen, Besinnung, Sammlung und Neuanfang fordern. Sie sind Chancen zur Stärkung, zur weiteren Individualisierung und Selbstwerdung. Es sei hier auf die umfangreiche einschlägige (auto-)biographische Literatur verwiesen.[7]

Menschheitsbiographie

Auch die Menschheit als Ganze macht eine Bewusstseinsentwicklung durch. Sie scheint dabei ebenfalls eine Tendenz zur Individualisierung aufzuzeigen. Frühere Kulturen hingen „wie am Himmel". Ein ägyptischer Pharao zum Beispiel lauschte dem Horus-Falken, dem besonderen Vogel als Vermittler der höheren Welten, der „heiligen Anfänge" (die ursprüngliche Bedeutung von „Hier-Archie"!) und gab die geistigen Gesetze

König Chefren mit dem Horus-Falken (um 2250 v. Ch.)

als Maßstab für das soziale und praktische Leben seinen Untertanen weiter. Zivilisationen und Kulturen waren kollektives Geschehen. Wann Zeit für das Säen oder Ernten war, ergab sich aus kosmischen Zusammenhängen, für die der Pharao empfänglich war. Er hörte auf den Horus-Falken, der über seinen Kopf in die Ferne blickte und seine Flügel, die er vorher in den Himmel gespreizt hatte, um den Kopf des Pharao legte. So entstand Führung. Hierarchische Anweisungen regelten das Leben.

Auch in Griechenland zeugen die mythischen Götter, wie der Horus-Falke in Ägypten einer war, noch von der kollektiven Führung der Menschen von oben herab. Es ändert sich aber etwas. In seiner *Ilias* beschreibt Homer die Szene, wie Achilleus zum Schwert greift, als der Heerführer Agamemnon seine Beute, das Mädchen Briseis von ihm fordert. In dem Augenblick aber erscheint ihm, nur für ihn sichtbar, von hinten die Göttin der Weisheit, Athena, greift ihm in die Haare und fordert ihn auf, innezuhalten - „wenn du mir folgen willst". Sie erklärt ihm, was die Folgen seines unbeherrschten Handelns wären und was er gewinnen könnte, wenn er jetzt nachgäbe, Vernunft vor Gewalt gelten ließe. Achilleus stößt das Schwert wieder in die Scheide und zieht sich schmollend zurück. Sein Verhalten - das Verhalten eines Einzelnen, der nicht die Führungsrolle innehat! - wird schwerwiegende Folgen für das griechische Heer haben.[8]

Hier werden schon individuelle Schicksale von untergeordneten Persönlichkeiten geschildert. Es wird von ihrem persönlichen Bezug zur Gottheit erzählt und von den Wirkungen ihrer Entscheidungen für das Kollektiv. Hat Athena, die Göttin der Weisheit, Achilleus` cholerische Impulsivität gezügelt? Sie hat ihn von hinten an den Kopf gefasst, alternative Szenarien entworfen und ihm sogar die Wahl gelassen. *Wir* würden heute sagen: Achilleus hat einfach nachgedacht, bevor er gehandelt hat, und er hat sich für die vernünftigere Variante entschieden. - Wenn man der Geschichte folgt, hat er dieses Denken aber nicht als seine eigene Tätigkeit erlebt, sondern als etwas, das von hinten und von oben kam - wie der Horus-Falke in der sehr viel ruhigeren, meditativ wirkenden Darstellung des Pharaos Chefren, der die Anweisungen für sein Volk empfing.

Tatsächlich sollte es noch ein paar Jahrhunderte dauern, bis die Griechen nicht mehr Götter, sondern abstrakte Gedanken im Bewusstsein erlebten. Es wurden die Philosophie und die Logik geboren. Das Denken-Können wurde zum spezifischen Merkmal des Menschlichen überhaupt.

Es war nur eine Frage der Zeit, bevor bei der Frage nach der Herkunft der Gedanken das Erlebnis, dass sie in der menschlichen Seele auftauchen, bestimmend wurde: Es sind nicht die Götter. Es ist der jeweilige Mensch selbst, der diese Gedanken hervorbringt. Es sind *seine* Gedanken.

Er entdeckt sogar, dass er Einfluss auf diese Gedanken ausüben kann. Er kann selbst denken. Und er lernt, die Gedanken zu seinen Zwecken zu verwenden: interpretieren und erklären, was er wahrnimmt, seine Handlungen danach richten.

Heute stehen wir vor dem paradoxen Problem, dass wir in einer Informationsgesellschaft leben, in der die Gedanken längst zum unbeachteten Gemeingut geworden sind. Wir haben kein Bewusstsein davon, dass wir einen säkularisierten, unheiligen „Falken" im Nacken haben. Wir haben fast vergessen, dass wir ein gedanklich vermitteltes Verhältnis zur Welt haben, das wieder weitgehend kollektiv ist - durch Erziehung, Ausbildung und Massenmedien geprägt. Wir sehen nicht, was wir sehen, sondern was wir zu sehen glauben. Unsere Erfahrungen und unser Wissen bestimmen, was wir wahrzunehmen meinen. Und wir halten unsere Meinungen und Urteile für individueller als sie sind. Selten sind sie ursprünglich und durch eigenes Denken erzeugt. Wir finden unsere Gedanken weitgehend vor, lesen sie uns in Ratgebern, Zeitungen und Internet an oder fragen Experten, wenn wir gar keinen Rat mehr wissen. Unsere Gefühlserlebnisse und Emotionen folgen dieser Steuerung. Und welche unserer Handlungen können wir dann wirklich selbstbestimmt und selbstgeführt nennen? Wir sind in Gefahr, hinter unseren menschlichen Möglichkeiten zurückzubleiben, während unsere technischen ins Unermessliche zu wachsen scheinen.

Am Anfang der Neuzeit lebte in Nord-Italien ein intelligenter junger Mann aus reichem Hause, der es sich leisten konnte, seiner Wissbegierde nachzugehen. Er studierte alle Wissenschaften seiner Zeit und stellte einen Katalog von tausend Fragen auf, die unbeantwortet waren. Er fasste den Plan, alle Gelehrten der damaligen Welt zu einem Kongress einzuladen, der sich diesen Fragen widmen würde. Auch der Papst mit seinen Kardinälen wurde eingeladen. Dieser lehnte nicht nur ab, sondern verbot den Kongress. War er noch vom „Heiligen Geist" inspiriert? Wollte er nicht, dass andere eine eigene, selbständige Verbindung zum Geist suchen? Pico della Mirandola, der jung und unter ungeklärten Umständen starb, konnte den Kongress nicht durchführen, hatte aber bereits seine Eröffnungsrede „*Über die Würde des Menschen*" (1486) geschrieben. Sie ist erhalten geblieben. In mittelalterlicher Bildsprache (Gott spricht zu Adam während des Schöpfungsvorgangs), aber kühn und fortschrittlich schrieb er u.a. Folgendes:

„Dir, Adam, habe ich keinen bestimmten Ort, kein eigenes Aussehen und keinen besonderen Vorzug verliehen, damit du den Ort, das Aussehen und die Vorzüge, die du dir wünschest, nach eigenem Ratschlag und Ratschluss dir erwirbst. Die begrenzte Natur der anderen ist in Gesetzen enthalten, die ich vorgeschrieben habe. Von keinen Schranken eingeengt sollst du deine eigene Natur selbst bestimmen nach deinem Willen, dessen Macht ich dir überlassen habe. Ich stellte dich in die Mitte der Welt, damit du von dort aus alles, was ringsum ist, besser überschaust. Ich erschuf dich weder himmlisch noch irdisch, weder sterblich noch unsterblich, damit du als dein eigener, gleichsam freier, unumschränkter Bildner und Gestalter dich selbst in der von dir gewählten Form aufbaust und gestaltest. Du kannst nach unten in den Tierwesen entarten; du kannst nach oben, deinem eigenen Willen folgend, im Göttlichen neu erstehen."[9]

Wie ein Pico des Zwanzigsten Jahrhundert erscheint uns der Psychiater Viktor E. Frankl. Als österreichischer Jude erlebte er Auschwitz, wo er verschiedene Familienangehörige (seine Eltern und seine Frau) und viele Freunde verlor, selbst an die Grenzen seiner Existenz geführt wurde und Zeuge von unvorstellbaren Greueltaten war. Er schreibt im Rückblick:

> *„Wir haben den Menschen kennengelernt wie vielleicht bisher noch keine Generation. Was also ist der Mensch? Er ist das Wesen, das immer **entscheidet**, was es ist. Er ist das Wesen, das die Gaskammern erfunden hat; aber zugleich ist er auch das Wesen, das in die Gaskammern gegangen ist aufrecht und ein Gebet auf den Lippen."*[10]

Was gibt es beim Gang in die Gaskammern noch zu entscheiden? Die Art, wie ich mich ins Verhältnis zu dem Unausweichlichen setze. Frankl:

> *„Mögen es auch nur wenige gewesen sein - sie haben Beweiskraft dafür, dass man dem Menschen im Konzentrationslager alles nehmen kann, nur nicht: die letzte menschliche Freiheit, sich zu den gegebenen Verhältnissen so oder so einzustellen."*[11]

Selbstführung

Selbstführung im hier gemeinten Sinne entspringt dem Punkt im Menschen, wo er sich immer wieder entscheidet, was und wie er im nächsten Augenblick sein will. Glücklicherweise sind wir nicht immer in der Extremsituation, in der uns nur noch die Freiheit bleibt, unser inneres Verhältnis zu dem Unveränderbaren und Unausweichlichen zu bestimmen. Im Sinne Frankls bleibt uns normalerweise noch die Möglichkeit, sinnvolle kreative Leistungen für andere zu erbringen, und die Gelegenheit, uns positiven Erlebnissen zuzuwenden oder sie zu produzieren.

Insofern unterscheidet sich Selbstführung von Konzepten des *Selbstmanagements*, die mehr an der Oberfläche agieren, sich an bestehenden Anforderungen des Arbeits- und Lebensalltags orientieren und versuchen, die existierenden Verhältnisse nach vordergründigen Wünschen von Chefs, Partnern oder dem Ego des Betreffenden selbst zu optimieren. Checklisten, Tipps und einfache Lösungen bestimmen das Bild dieser (literarischen) „Führer". *„Lernen Sie, sich selbst zu managen, und Sie werden auf der Karriereleiter schnell vorankommen!"*, heißt es zum Beispiel in einem Taschenguide.[12] Wer entscheidet aber, ob Sie auf der Karriereleiter schnell vorankommen wollen? Und wie sieht es mit den anderen Bereichen Ihres Lebens aus?

Wenn Entscheidungen getroffen sind und solange sie gelten, kommt es natürlich darauf an, sie auch möglichst erfolgreich umzusetzen. Dabei sind Fähigkeiten und Fertigkeiten, Maßnahmen und Werkzeuge gefragt. Die kann man gezielt ausbilden, sich antrainieren, ergreifen und aneignen. Zum Beispiel Zeitmanagement, Organisation des Arbeitsplatzes, Kommunikation und Präsentation. Dieses und Ähnliches gehört in der Regel zum Angebot desjenigen, was *Selbstmanagement* und manchmal sogar *Selbstführung* genannt wird.[13] Dies ist nützlich und hilfreich. Insofern dabei Zielfixierung und Planung als trainierbare technische Maßnahmen ergriffen werden, besteht aber die Gefahr, dass die wesentlichen Fragen übersprungen werden. Es wird *know-how* angeboten. Wie steht es aber um das *know-why*? Selbstführung im hier gemeinten Sinne geht von der Warum- und Wozu-Frage aus. Mein Leben und die Welt werden nicht besser davon, dass ich die falschen Dinge immer effizienter und effektiver mache. Ich will die richtigen Dinge machen.[14]

Beim bloßen Selbstmanagement besteht auch noch die Gefahr, dass ich unbemerkt zu sehr durch die urteilenden Augen der anderen schaue, statt durch meine eigenen. Ich will meinem Chef gefallen, für ihn meine Arbeit effektiver gestalten, in der Gesellschaft mehr bedeuten, überhaupt besser dastehen. Grundlegend ist aber das bewusste Verhältnis zu mir selbst und meinen Werten: Was ist mir wichtig? Wie ist mein Verhältnis zum

Leben und zur Welt? Warum tue ich, was ich tue, so wie ich es tue? Möchte ich nicht umlenken? Will ich mich nicht selbst führen? Solange ich mich andererseits nur mit mir selbst, so wie ich bin, wie ich mich vorfinde, identifiziere, verpasse ich wiederum den springenden Punkt. Ich muss aufwachen dafür, dass mein Selbst-Bewusstsein eine Distanz zu mir einschließt. Ich kann mich wie von außen sehen. Was halte ich von dem, was ich so sehe? Ich bin Teil meiner eigenen Situation, mitverantwortlich für mein eigenes Leben. Häufig geschieht das Aufwachen durch biografische Krisen oder Schicksalsschläge. Es kann aber auch eine im Alltag auftretende konstruktive Unzufriedenheit reichen. Ich sehe dann die Möglichkeit, etwas zu verändern, mich weiter zu entwickeln aus eigener Motivation.

Ganz elementar können folgende Formen des daraus hervorgehenden Selbstverhältnisses unterschieden werden:

1. Das Kampfverhältnis

Wenn Seminarteilnehmer von Selbstführung hören, fällt ihnen häufig die Rede vom „inneren Schweinehund" ein. Dabei wird dann oft in Kampf- oder Kriegsmetaphern gesprochen: er muss von mir besiegt werden, ich muss stärker sein - wie in dem Satz des österreichischen Autors Nestroy: *„Jetzt bin ich gespannt, wer stärker ist, ich oder ich"*. Den kann man aber auch so verstehen, dass Nestroy damit im Grunde drei Iche zum Ausdruck brachte: die beiden um die Übermacht Streitenden und eines, das auf den Ausgang des Kampfes gespannt ist, das wir den *inneren Beobachter* nennen können. Den übersehen wir häufig, weil wir uns mit einem der beiden Kampfhähne identifizieren und versuchen „selbst" mit Gewalt die Überhand zu gewinnen, unseren „Willen" durchzusetzen, dasjenige, was wir als Widerstand in uns empfinden, zu überwinden und zu unterdrücken. Dabei ist aber nicht a priori auszuschließen, dass wir unser eigener „Feind" sind. Aus der Transaktionsanalyse ist das Dreieck Eltern-, Kind- und Erwachsenen-Ich bekannt. Das „Kind" sagt: „Ich kann nicht, ich will nicht, ich habe keine

Lust!". Das „Eltern-Ich" sagt: „Du musst! Du sollst! Das ist hier keine Frage von Lust oder Unlust! Streng dich an! Reiß dich zusammen!" Der innere Beobachter, der in diesem Kontext „Erwachsenen-Ich" genannt wird, identifiziert sich nicht von vornherein mit dem Einen oder dem Anderen, sondern betrachtet diese möglichst unvoreingenommen, untersucht sie auf ihren vernünftigen Kern, ihre Bedürfnisse und Kräfteverhältnisse hin und setzt sie in Bezug zur aktuellen Situation, die ebenso unbefangen betrachtet und beurteilt wird. Dann folgt eine Entscheidung. Diese entspricht möglicherweise weder dem Kind-, noch dem Eltern-Ich ganz.

Wenn zum Beispiel mein (selbstgemachter) Zeitplan vorsieht, dass ich jetzt etwas anfange, worauf ich keine Lust habe, weil ich müde und hungrig bin, kann ich gespannt abwarten, wer gewinnt (das planende Ich oder das müde Ich). Ich gebe nach oder bekämpfe meinen inneren „Schweinehund" (in diesem Fall das müde Ich). Wenn ich aber schon ein Bewusstsein von diesem inneren Konflikt habe, kann ich auch eine neue Entscheidung fällen. Dazu durchlaufe ich wieder meine Überlegungen, die zu einer Beurteilung der Lage geführt haben, jetzt aber auf die neu eingetretene Situation bezogen. Die umfasst Beobachtungen, die bei der ursprünglichen Entscheidung nicht gegeben waren, z.B. meinen Kräftehaushalt betreffend - ich bin sehr müde. Wenn meine innere Autonomie aufrecht bleibt, kann ich zum Beispiel Wichtigkeit und Dringlichkeit der auf dem Plan stehenden Aufgabe erneut beurteilen und das erforderliche Leistungsniveau und den dazu in den heutigen Verhältnissen nötigen Zeitaufwand plus vielleicht auch darauf folgende Erholungsgelegenheiten usw. in Beziehung dazu setzen. Etwa: die Erfüllung dieser Aufgabe kann tatsächlich noch etwas warten, sie lässt sich besser und schneller erledigen, wenn ich fit bin. Oder: die Aufgabe hat höchste Priorität und lässt sich wirklich nicht aufschieben. Die Entscheidung ist nicht vorhersagbar. Es kann sein, dass im Augenblick eine Teilleistung genügt, ohne das Ganze damit zu gefährden. Vielleicht komme ich aber zu dem Entschluss, meine Pause vorzuziehen, um dann mit gestärkten Kräften, aber später als vorgesehen, die geplante Sache in Angriff zu nehmen.

Die innere Situation ist durchaus mit einer sozialen Führungsaufgabe vergleichbar. Setze ich mich mit Autorität, wenn es sein muss mit rücksichtsloser Machtanwendung bzw. Gewalt - die strukturell sein kann - durch? Oder entscheide ich mit dem Blick auf die vorhandenen und sich verändernden Verhältnisse? Der innere Beobachter wird zum inneren Dirigenten. Er wird zum Führungs-Ich der Selbstführung.

Aus dem Beispiel geht hervor, dass Selbstführung unter Umständen durchaus berechtigt die Form eines Kampfverhältnisses, eines „Kräftemessens" annehmen kann. Zum Beispiel, wenn ich keine Lust auf etwas habe, von dem ich einsehe, dass es wichtig ist. Freiheit umfasst nicht nur Freiheit von äußeren Einflüssen, sondern auch von eigenen, inneren Widerständen. Das Selbstführungs-Ich betrachtet sowohl die äußere Situation wie auch die inneren Gegebenheiten. Es entscheidet sich nicht von vornherein für das eigene „Ego".

Die Kampfmetaphorik (sich überwinden) benutzt auch Goethe, wenn er schreibt:

> *„Von der Gewalt, die alle Wesen bindet, befreit der Mensch sich, der sich überwindet."*

Der Unterschied zu dem „Eltern-Ich" liegt in der willentlich durchdrungenen Erkenntnis, die einen freien Entschluss ermöglicht. Ich wurde nicht überwältigt von etwas, das stärker ist als „ich", ich bin im Bilde, es ist meine Entscheidung. Deswegen werde ich auch in Zukunft nicht mit ihr hadern.

Entscheidungen kann ich ändern, wenn ich einen guten Grund dafür habe. Sonst bin ich starrsinnig. - Aber ohne guten und bewussten Grund eigenen Entschlüssen untreu zu werden, schwächt meinen Willen.

2. Das Verführungsverhältnis

Die Erfahrung, dass es viel Kraft kosten kann, sich mit Gewalt (gegen sich selbst) durchzusetzen, und dass man trotzdem oft unterliegt - oder etwas subtiler, dass das Gelingen als ein deprimierender Pyrrhussieg empfunden wird, kann Anlass zu einem anderen Ansatz geben. Man ködert den Teil, der nicht von sich aus mitmacht. Man verspricht ihm zum Beispiel eine Belohnung, wenn er (eine Zeitlang) seinen Widerstand aufgibt. Wir kennen das von vorübergehenden Anstrengungen, z.B. bei der Vorbereitung von Prüfungen (schon in der Schule), wenn wir uns vornehmen, danach zu feiern oder uns etwas Besonderes zu gönnen. Hier trifft das Bild des Esels, dem eine Karotte vorgehalten wird, zu. Wir kennen es auch als „Motivieren". In diesem Fall können wir von „Selbstmotivierung" sprechen. Diese unterliegt denselben Problemen wie das Motivieren von außen überhaupt. Hat das Ziel einen intrinsischen Wert für mich oder ist es bloß ein Köder, um mir etwas, was ich eigentlich nicht will, abzuverlangen? Dann ist nicht die Sache selbst meine Motivation, das, was mich bewegt. Wie Motivierung von „Arbeitnehmern" oft ein Euphemismus für Manipulation oder Ausbeutung ist - denn was ist das anderes, als andere zu etwas zu bewegen, zu dem sie sich selbst nicht bewegen wollen oder können, sogar möglichst noch, ohne dass sie es bemerken - so führen diese Tricks der Selbstverführung rasch an die Grenze der Selbstmanipulation und Selbstausbeutung. Einige „Tipps und Tricks" des Selbstmanagements könnten daraufhin hinterfragt werden. Wissen, „wie" ich mich selbst „rumkriege", schreit nach der „Warum"-Frage. Wenn ich wirklich einsehe, warum ich bestimmte Maßnahmen mir selbst gegenüber anwende, mag das durchgehen. Aber ist es nicht empfehlenswert, achtsam nachzuempfinden, ob es nicht doch eine subtile und vielleicht demütigende Gewaltanwendung ist? Ob sie das eigene Gefühl der Würde verletzt?

3. Das Erziehungsverhältnis

Von dem Dichter Christian Morgenstern stammt die Aussage: *„Man müsste sein Ich nicht immer mit sich identifizieren, sondern wie eine Mutter ihr Kind behandeln"*. Es ist klar, dass Morgenstern weder „Affenliebe" noch das „Eltern-Ich" der

Transaktionsanalyse meint. Dies ist vielmehr ein ungesundes psychisches Introjekt, eine Verinnerlichung der Elternautorität, die zunächst die innere Autonomie außer Kraft setzt und verhindert, dass ich selbst über meine Werte Klarheit schaffe und meine eigenen Entscheidungen treffe. In Morgensterns Satz wird ein gesundes Mutter-Kind-Verhältnis zum Modell der Selbstführung. Wie behandelt eine gute Mutter ihr Kind?

Sie identifiziert sich nicht mit ihrem Kind. Obgleich sie ein inniges und liebevolles Verhältnis zu ihm hat, wird sie es nicht „verschlucken", sie wird nie das Bewusstsein davon verlieren, dass das Kind ein eigenes Wesen ist, das sich von ihr unterscheidet, auch wenn es auf sie angewiesen ist. Sie wird genügend inneren Abstand bewahren, um das Verhalten des Kindes im Zusammenhang mit den Verhältnissen beurteilen und entsprechend eingreifen zu können. Sie wird ihr Kind schützen, so dass es nicht zu Schaden kommt und für die Zukunft bewahrt bleibt, sie wird es aber auch nicht überbehüten, sondern die Erfahrungen machen lassen, die es braucht, um die nötigen Fähigkeiten zu erwerben, die es zum Selbstschutz und zu seiner weiteren Entwicklung braucht. Im Sinne dieser Voraussetzungen wird sie sich verantwortlich dafür fühlen, dass das Kind genügend lernt, um sich in der Welt, in der es lebt und leben wird, zurecht zu finden. Und mehr: die Chance zu haben, seine Ziele zu erreichen. Sie wird vor allem ihr Kind besser, innerlicher kennen als jeder sonst auf der Welt es tut. Und sie wird es entsprechend seinem Entwicklungsstand begleiten, fordern und fördern. Mit ihrem Säugling geht sie selbstverständlich anders um, als wenn er zu krabbeln beginnt oder gar erste Gehversuche unternimmt. Wieder ganz anders wird es, wenn er in die Schule geht. Oder gar zu pubertieren anfängt ... Sie wird ihr Kind aber immer bedingungslos lieben, zu ihm stehen auch in schwierigen Zeiten und trotz seiner weniger guten Seiten. Können wir uns selbst so kennen und lieben und auf unserem Entwicklungsweg begleiten wie eine Mutter ihr Kind?

Spielen Sie konkrete Beispiele von Ihrem Umgang mit sich selbst im Sinne dieser drei Selbstführungsformen durch. Wie sind sie zu beurteilen? Im Lichte einer gesunden menschlichen Entwicklung spricht das meiste für das (Selbst-)Erziehungsverhältnis. Muss es aber prinzipiell ausgeschlossen werden, dass die beiden anderen Ansätze auch mal zum Zuge kommen können? Welche Eltern kommen ganz ohne Strenge aus, ohne Sanktionen oder Belohnungen, Ablenkungen, die aus dem größeren Überblick stammen? Das kann situativ oder auch nach Art und Alter des Kindes (oder der Eltern!) mehr oder weniger angesagt sein. Solche einzelnen Maßnahmen haben aber einen anderen Charakter, wenn sie im Rahmen eines liebevollen Verhältnisses stattfinden, das eine gesunde Entwicklung des Kindes anstrebt, als wenn sie ohne dieses durchgeführt werden. Achten Sie genau auf Ihr Gefühl dabei! Versuchen Sie den inneren Beobachter auf den Plan zu rufen - sich selbst und die Situation, in der Sie sich befinden, in den Blick zu bekommen - und Entscheidungen von dieser Position aus zu treffen.

Es ist nicht schwer, die Parallele zum sozialen Führungsverhalten zu ziehen. Im Kampfverhältnis finden wir im Grunde die autoritären Führungstheorien, die vom militärischen Führungsmodell abgeleitet sind. Das Verführungsmodell nimmt in den Führungstheorien verschiedene Formen an, vor allem die der extrinsischen Motivierung, ob es nun um Entlohnung, Bonussysteme, Karriereleiter, soziale Befriedigung, Wohlbefinden oder was auch immer geht. Das Erziehungsverhältnis praktiziert im Grunde Führung zur Selbstführung. Kann ich am Umgang mit mir selbst mein implizites Führungsverständnis ablesen?

Wortfeld Selbst

(mit Dank an Peter Dellbrügger)

Arbeit an sich selbst,

Autobiographie, Autodidakt, Autohypnose, Autokrat, Autonomie, auto-operativ, autoplastisch, autopoietisch, autotherapeutisch,

das höhere Selbst, das natürliche Selbst,

Entselbstung,

Selbstachtung, Selbstabgrenzung, Selbstabkoppelung, Selbständerung, Selbständigkeit, Selbstäußerung, Selbstäußerungs(in)kontingenz, Selbstaktivierung, Selbstaktualisierung, Selbstanbindung, Selbstaneignung, Selbstanklage, Selbstanzeige, Selbstaufgabe, Selbstaufklärung, Selbstaufmerksamkeit, Selbstaufopferung, Selbstaufrichtung, Selbstausgrenzung, Selbstauslöschung, Selbstbeeinflussung, Selbstbefangenheit, Selbstbefreiung, Selbstbefriedigung, Selbstbegegnung, Selbstbegrenzung, Selbstbehauptung, Selbstbehauptungstrieb, Selbstbeherrschung, Selbstbekenntnis, Selbstbekräftigung, Selbstbelohnung, Selbstbeobachtung, Selbstberuhigung, Selbstbeschränkung, Selbstbeschreibung, Selbstbeschuldigung, Selbstbesinnung, Selbstbespiegelung, Selbstbestätigung, Selbstbestimmung, Selbstbestimmungsrecht, Selbstbestrafung, Selbstbetrachtung, Selbstbetrug, Selbstbeweihräucherung, Selbstbewertung, Selbstbewunderung, Selbstbewusstsein, Selbstbeurteilung, Selbstbezeichnung, Selbstbeziehung, Selbstbezogenheit, Selbstbezug, Selbstbezüglichkeit, Selbstbild, Selbstbildnis, Selbstcoaching, Selbstdämpfung, Selbstdarstellung, Selbstdemütigung, Selbstdisziplin, Selbstdressur, Selbsteinkehr, Selbsteinschätzung, Selbstentäußerung, Selbstentfaltung, Selbstentfremdung, Selbstentmachtung, Selbstentsagung, Selbstentwicklung, Selbsterfahrung, Selbsterfindung, Selbsterforschung, Selbsterhaltung, Selbsterhaltungstrieb, Selbsterhebung, Selbsterhöhung, Selbsterkenntnis, Selbsterleben, Selbstermächtigung, Selbstermahnung, Selbstermöglichung, Selbsterniedrigung, Selbsterregung, Selbsterzeugung, Selbsterziehung, Selbst-Evakuierung, Selbstevaluierung, Selbstexemtion(sverbot), Selbstfindung, Selbstformung, Selbstformungsübung, Selbstfreundschaft, Selbstführung, Selbstführungsfähigkeit, Selbstführungskompetenz, Selbstgefälligkeit, Selbstgefühl, Selbstgenügsamkeit, Selbstgerechtigkeit, Selbstgespräch, Selbstgestaltung, Selbsthass, Selbsthemmung, Selbstherrlichkeit,

Selbstherrscher, Selbsthilfe, Selbstidentifikation,
Selbstimplikation, Selbstinfiltration, Selbstinstruk-
tion, Selbstinsulierung, Selbstintegration, Selbstiro-
nie, Selbstirritation, Selbstjustiz, Selbstkasteiung,
Selbstkenntnis, Selbstklärung, Selbstklarheit, Selbst-
kompatibilität(sprüfung), Selbstkomplex, Selbstkom-
plexität, Selbstkonditionierung, Selbstkonfrontation,
Selbstkongruenz, Selbstkonkordanz, Selbstkontrolle,
Selbstkontrollmodus, Selbstkonzept, Selbstkorrektur,
Selbstkritik, Selbstkultivierung, Selbstkultur, Selbst-
legitimation, Selbstlob, Selbstlosigkeit, Selbstma-
nagement, Selbstmanagementtherapie, Selbstmanipulation,
Selbstmedikation, Selbstmitleid, Selbstmord(drohung),
Selbstmordversuch, Selbstmotivierung, Selbstöffnung,
Selbstoffenbarung, Selbstorientierung, Selbstporträt,
Selbstprüfung, selbstquälerisch, Selbstrealisierung,
Selbstreferenz, Selbstreflexion, Selbstregierung, Selbst-
regulation(s-funktion), Selbstregulierung, Selbst-
repräsentation, Selbstrepression, Selbstrevision,
Selbstschutz, Selbstschutzmechanismus, Selbstselektion,
Selbstsicherheit, Selbstsicherung, Selbstsimplifikation,
selbstskulptural, Selbstsorge, Selbstsozialisation,
Selbststeuerung, Selbststeuerungsdefizit, Selbststeue-
rungsformen, Selbststeuerungsfunktion, Selbststeuerungs-
inventar, Selbststimmigkeit, Selbstsucht, Selbstsugges-
tion, Selbstsystem, selbsttätig, Selbsttäuschung,
Selbsttechnik(en), Selbstthematisierung, Selbsttötung,
Selbstüberheblichkeit, Selbstüberraschung, Selbstüber-
redung, Selbstüberschätzung, Selbstüberwindung, Selbst-
umgehung, Selbstungewissheit, Selbstunklarheit, Selbst-
unsicherheit, Selbstunterdrückung, Selbstunternehmer,
Selbstunterricht, Selbstunterschätzung, Selbstunter-
scheidung, Selbstunzufriedenheit, Selbstveränderung,
Selbstverachtung, Selbstverantwortung, Selbstverblen-
dung, Selbstverbrennung, Selbstverdoppelung, Selbstver-
gessenheit, Selbstvergewaltigung, Selbstvergötterung,
Selbstverhältnis, Selbstverletzung, Selbstverleugnung,
Selbstverliebtheit, Selbstvermeidung, Selbstvernich-
tung, Selbstversenkung, Selbstversorgung, Selbstver-
ständnis, Selbstverstärkung, Selbstverstümmelung, Selbst-
versuch, Selbstverteidigung, Selbstvertrauen, Selbst-
verursachung, Selbstverwaltung, Selbstverwirklichung,
Selbstverzicht, Selbstvollendung, Selbstvorsorge,
Selbstvorwurf, Selbst-Vorzeige-Mensch, Selbstwachstum,
Selbstwahl, Selbstwahrnehmung, Selbstwahrnehmungsmotiv,
Selbstwerdung, Selbstwert, Selbstwertbedrohung, Selbst-
wertgefühl, Selbstwirksamkeit, Selbstzensur, Selbst-
zentriertheit, Selbstzerfleischung, Selbstzerstörung,
Selbstzeugnis, Selbstzucht, Selbstzüchtigung, Selbst-
zufriedenheit, Selbstzugang, Selbstzugriff, Selbst-
zweifel.

„Alles, was unsern Geist befreit,

ohne uns die Herrschaft über uns selbst zu geben,

ist verderblich."

J. W. v. Goethe

Kapitel 2 -
Die Stunde des Menschen

Individualisierung als gesellschaftlicher Trend

Den Soziologen zufolge zeichnet sich seit den sechziger Jahren des vorigen Jahrhunderts ein deutlicher „Individualisierungsschub" in den modernen Gesellschaften ab. Dieser tritt in den letzten Jahrzehnten zunehmend in das Licht der öffentlichen Aufmerksamkeit. Traditionelle kollektive Strukturen und Lebensgewohnheiten lösen sich auf. Das hat einen positiven und einen negativen Aspekt: Befreiung, aber auch Entwurzelung, Verlust der alten Sicherheiten.

Eine Folge ist, dass neue Formen der sozialen Einbindung gesucht werden (müssen). Zunächst ist der einzelne Mensch viel mehr als früher auf sich selbst gestellt. Matthias Junge schreibt, *„dass das Individuum zentraler Bezugspunkt für sich selbst und die Gesellschaft wird."*[15] Das stellt schwere Herausforderungen an alle Betroffenen. *„Gefordert ist ein aktives Handlungsmodell des Alltags, das das Ich zum Zentrum hat",* schreibt Ulrich Beck[16]. Aber was heißt das? Und wer erfüllt unsere Sicherheitsbedürfnisse? Woran orientiert sich das Ich? Konflikte sind vorprogrammiert, Selbstüberforderung ist eine reale Gefahr. Denn wer ist diesem Anspruch ohne entsprechende Fähigkeitssteigerung gewachsen? Der Individualisierungstrend führt uns erst einmal in eine negative, unerfüllte Freiheit. Vielfältige Angebote verführen uns dazu, Ersatz für die fehlende soziale Einbindung anzunehmen: Konsum, Genuss, kollektive Unterhaltung, Sportveranstaltungen etc. Freiheitsfähigkeiten müssen aktiv ausgebildet werden.

Dazu gehört ein Milieu, das dies ermöglicht und fördert, und auch dann geht es nicht ganz ohne eigenen Einsatz. Das Individuum muss sich auf sich selbst besinnen und sich nicht nur mit sich selbst identifizieren in der Form, in der es sich vorfindet. In der Selbstdistanz stellt es sich auch der Welt gegenüber, aus der es geworden ist, was es ist: Familie, sozialem Milieu, der Sozialisierung überhaupt. Nun kommt es aber auch darauf an, sich selbst und seine Welt weiterhin selbst zu gestalten. Wenn wir bei uns selbst ankommen, beginnt erst unsere Eigentätigkeit. Das Individuum muss sich selbst als werdend und als Initiativquelle entdecken, erleben und verwirklichen können. Dann kann es zu einer neuen Zusammenarbeit mit anderen im Sinne einer Synergie produktiver, verantwortlich gestaltender Individualitäten kommen. Was einerseits ein kontinuierlicher historischer Vorgang war, fordert jetzt eine radikale Neuorientierung, die in dem Ausdruck „Selbsterzeugung" von Peter Sloterdijk nur einseitig formuliert ist. Selbsterkenntnis und Selbstverwandlung läuten die Selbsterzeugung erst ein.[17]

Auch das Führungsdenken hat eine Geschichte

Hierarchie bedeutete ursprünglich - wie wir im vorigen Kapitel sahen - „heilige Ordnung", wie sie zum Beispiel bei den Göttern (symbolisiert durch den Horus-Falken) in den Sternenwelten ihren Anfang findet und durch den Pharao dem Volk vermittelt wurde. Die Götter wandten sich einem dazu auserkorenen Einzelnen als Repräsentanten des Kollektivs zu. Daraus entstanden Kulturen und Zivilisationen, die uns heute in Erstaunen versetzen.

Bei den Griechen wandten die Götter wie Athena sich auch einzelnen Menschen zu, um sie „zur Vernunft zu bringen" - *falls sie ihnen folgen möchten*. Ein bedeutender Zusatz!

Wenige Jahrhunderte später erlebten die Griechen schon keine Götter mehr, sondern Gedanken in ihrem Innern. Die Folge war, dass das Gemeinwesen neu organisiert werden musste, und zwar nach den Gedanken derer, die - auch durch die äußeren gesellschaftlichen Verhältnisse - Gelegenheit hatten, sich diesen Gedanken zuzuwenden. Die Theokratie (Götterherrschaft) machte allmählich Platz für die Demokratie (Herrschaft des Volkes, allerdings zunächst desjenigen Teils des Volkes, von dem man annahm, dass er zu denken vermochte - zunächst freie und ältere Männer ...).

Anfangs waren die Gedanken innere Wahrnehmungen, so wie wir heute äußere Wahrnehmungen haben, wenn wir die Augen öffnen; wir scheinen sie nicht zu produzieren, sie sind wie gegeben. So waren auch die Gedanken wie gegeben, wenn das Denkauge geöffnet war.

Später entstand der Verdacht, dass die Gedanken nicht nur im Innern des Menschen auftraten, sondern dort durchaus auch erzeugt wurden, also menschliches Produkt waren, das keineswegs die geistige Seite der Dinge offenbarte, sondern nur das menschliche Bedürfnis befriedigte, mit den Gegebenheiten zurecht zu kommen. Man entdeckte sowohl die Abhängigkeit der Gedanken von der eigenen Denktätigkeit (die man unterlassen oder intensivieren konnte) wie auch deren Brauchbarkeit im Umgang mit der Welt. Man konnte die Natur wie die Menschen nach eigenem Bedarf, zum Erreichen der eigenen Zwecke beeinflussen. Die Römer lösten die Griechen ab. Diese nahmen bis zu einem gewissen Punkt bereits die Entwicklung vorweg, die sich in der modernen Zeit durch die Vorherrschaft des naturwissenschaftlichen Denkens durchsetzte. Eine technologische Zivilisation entstand, die sich mit wirtschaftlichen Zwecken verbindet. Experten und Führungshierarchien bestimmen immer mehr die zivilisatorische Entwicklung. Dabei ist von der ursprünglichen „Heiligkeit" der Hierarchie wenig übrig geblieben. Neben äußerlich nützlichen und lebenserleichternden Wirkungen birgt die Technik ein gewaltiges zerstörerisches Potential. Und der technische Verstand macht auch vor dem Einsatz der Menschen im Dienst bestimmter Zwecke nicht halt.

Es ist in diesem Rahmen unmöglich, der Entwicklung des Führungsdenkens des letzten Jahrhunderts mit der nötigen Differenzierung gerecht zu werden. Bloß einige sehr grobe Linien können gezogen werden.

Mit der Industrialisierung begann die Zweiteilung in die „Weiß-" und „Blaukittel". Haupt und Hand wurden getrennt („Taylorismus"). Die einen dachten, die anderen führten aus. Um dem „Personal" das Selbstdenken auszutreiben - das sowohl Zweck als auch Mittel hätte in Frage stellen können -, wurde es an Anweisungen gebunden. Die Kontrolle, ob sie es richtig machen, war wieder Aufgabe der Führungshierarchie. Nicht verwunderlich, dass die militärische Führungsidee zunächst die Unternehmensstruktur bestimmte. Es dauert, bis die elementare Erkenntnis Einfluss gewinnt, dass man es nicht nur mit Geld, Maschinen und Waren zu tun hat, sondern auch den Menschen gerecht werden muss (Hawthorne-Experimente, Human Relations Bewegung). Man weiß schon längst, dass alle Menschen denkende Wesen sind, die deshalb selbst hinschauen, urteilen und entscheiden können - zumindest im Prinzip. Man tut sich aber schwer mit den Konsequenzen, die natürlich der eigenen Willkür Grenzen setzen. Menschengemäß mit Menschen umgehen bedeutet, ihr Selbstdenken nicht nur zu dulden, sondern zu fördern, Eigenverantwortung zu geben und der Ausbildung von Freiheitsfähigkeiten ein entsprechendes Milieu zu verschaffen. Dazu muss man bereit sein, eigene Macht abzugeben, eigene Ängste und Sorgen abzubauen.

Zuerst hat man versucht, die *Eigenschaften* oder Qualitäten herauszufinden, die einen Menschen zur Führungspersönlichkeit machen. In der Hoffnung, diese dann auswählen oder ausbilden zu können. Dann hat man eingesehen, dass es verschiedene *Situationen* gibt, die ein unterschiedliches Führungsverhalten erfordern. Man hat versucht, Führungs*stile* bestimmten Anforderungen zuzuordnen. Warum ist es so schwer, den letzten, konsequenten Schritt zu tun: Einzusehen, dass jede Situation eine andere, jeder Mensch ein anderer ist, und dass die menschlichen Möglichkeiten, die Augen aufzumachen und zu sehen, was Not tut, gerade das Potential sind, mit den Veränderungsprozessen umgehen zu können? Das menschliche Potential soll nicht beschnitten werden, sondern optimal zum Einsatz kommen können. Und wie das geschehen kann, muss kein Einzelner oder eine Gruppe von Machthabern sagen, es liegt wiederum in diesem Potential.

An diesem Punkt begegnet die Entwicklung des Führungs- denkens der allgemeinen Geschichte der Menschheit, die in den Trend der Individualisierung einmündet. Es kann als eine Aufgabe der Unternehmensführung - ob „profitorientiert" oder nicht - angesehen werden, einen entscheidenden Beitrag zu leisten zur Lösung der gesellschaftlichen Aufgabe, die sich in der Individualisierung stellt.

Der Blindenführer und der blinde Führer

*Auf dem Weg zu meiner Arbeit steht mitten auf der Straße
(in einer Fußgängerzone) ein blinder Mann. Als ich ihm
näher komme, spricht er mich an: Ob ich ihm sagen könne,
wo ein bestimmtes Geschäft sei (er nennt den Namen), ob
er noch weit davon entfernt sei?*

*Ich merke, dass ich unsicher bin, wie ich ihm das erklären
soll. Ich entscheide mich kurzerhand dazu, ihn dorthin zu
begleiten; das Geschäft ist nicht mehr weit weg und die
paar Minuten kann ich mir leisten.*

*Ich sage ihm, es sind nur noch wenige Häuser bis dahin
und ob ich ihn begleiten darf? Ich berühre seinen Arm
und gebe durch sanften Druck die Richtung an. Ich spüre, wie sein Arm unter dem kurzen Ärmel feucht ist vom
kalten Schweiß. Er folgt mir nur sehr langsam, so dass ich
mich zügeln muss. Unterwegs informiere ich ihn über den
„Zwischenstand“, bis wir schließlich auf der Höhe der
Eingangstür sind. Ich melde ihm dies und sage, wenn er
sich 90 Grad nach rechts wendet, kann er geradewegs in
das Geschäft hineinspazieren. Das tut er. Ich bemerke die
Schwelle und mache ihn auf sie aufmerksam. Dann frage
ich ihn, ob er jetzt alleine zurecht kommt? Das bestätigt er
und ich verabschiede mich.*

Wer führt hier wen?
Welche Rolle spielt Selbstführung dabei?

Was heißt „führen"?

Blätternd im Grimmschen Wörterbuch[18]

Als ich im Grimmschen Wörterbuch „*Führen*" nachschlug, fand ich den Hinweis darauf, dass das Verb zunächst aus dem Umgang mit *Gegenständen* stammt, z. B. Bauern führen einen Karren mit Holz. Es gibt bereits zu denken, dass wir das Verb auf den Umgang mit *Menschen* ausgedehnt haben. Ob das ohne weiteres übertragbar ist?

Eine erste Bedeutung liegt nach Grimm im *In-Bewegung-Versetzen*, den initialen Anstoß dazu geben, dass etwas sich aus einer Lage des Stillstands in einen Zustand der Bewegung begibt. Etwa: den Wagen ins Rollen bringen. Das tut man dadurch, dass man *Kraft* auf den Gegenstand ausübt, eigene oder fremde. Eventuell baut man ihm eine Kraftquelle, einen Motor ein; dieser muss dann aber gezündet werden. Wenn die Kraft zur Fortbewegung wie bei einem Pferd bei dem Geführten selbst vorhanden ist, reicht es, ihm die Sporen zu geben. Wie machen wir das mit Menschen, sie für uns in Bewegung zu bringen, handeln zu lassen bzw. mit uns zusammen zu bewegen? Wie bewegen wir uns selbst?

Eine kurze Besinnung macht klar, dass das jedoch noch nicht alles sein kann. Vielleicht war der Wagen bloß mit einem Stein vor dem Rad blockiert. Wenn ich diesen wegziehe, kommt der Wagen von allein ins Rollen, weil er sich in einer Hanglage befindet. Aber wo rollt er hin? Oder das Pferd geht durch, weil es reagiert, als ob es gestochen worden wäre. Oder mein Mitarbeiter macht irgend etwas, Hauptsache, es sieht nach Betriebsamkeit aus. Führen heißt also auch: *die Richtung bestimmen*, Lenken, Steuern - die zweite Bedeutung bei Grimm. Dazu brauche ich ein *Ziel*. Der Wagen lässt sich so gut wie überall hin lenken, auch gegen die Wand lässt er sich fahren. Wie bestimmen Menschen das Ziel ihrer Zusammenarbeit? Wie richte ich mich selbst aus?

In anderen Wörterbüchern findet man zusätzlich Hinweise, die auf den *Prozess* des Führens gehen. Zwischen Initialzündung und Zielvorgabe einerseits und Erreichen des Ziels andererseits kann ein langer Weg liegen. Die *Begleitung* auf diesem Weg gehört zur Führungsaufgabe dazu. Beim Steuern ist das evident; ich tue es meistens nicht nur am Anfang. (Es gibt Situationen, in denen ich nach dem Start nicht mehr eingreifen kann. Dann ist das „Projektil" de facto führungslos geworden; jeder Anfangsfehler ist unkorrigierbar.) Im Umgang mit Menschen kann ich gegebenenfalls darauf verzichten, selbst das Steuer zu halten, weil sie eigenverantwortlich handeln können. Oder sie sind auf dem Weg, es zu lernen (Fahrschule!). Ich begleite sie aber weiterhin. Das Führungsverhalten zwischen Start und Zielerreichung kann sehr unterschiedliche Formen annehmen, muss aber mindestens so genau reflektiert und bewusst gehandhabt werden wie das Anstoßen der Bewegung und die Zielbestimmung. Übe ich kontinuierlichen (sanften oder weniger sanften) Druck aus? Nehme ich mich zurück, bleibe aber ansprechbar, falls es Fragen gibt? Kontrolliere ich den Ablauf regelmäßig? Greife ich korrigierend ein? Beschränke ich mich auf Feedback? Gebe ich Empfehlungen? Oder berate ich mit dem/n Ausführenden zusammen, wie es weiter gehen kann? Bin ich sogar imstande, mit ihm/ihnen zusammen die Ziele unterwegs neu zu bestimmen?

Und wie gehe ich mit mir selbst, meinen Zielen, meinem Unterwegssein um?

Die Geschichte des Blinden gab mir viel zu denken. Im Nachhinein war ich unsicher, ob ich richtig gehandelt hatte, mir kamen noch ganz andere Verhaltensmöglichkeiten in den Sinn. Aber auf jeden Fall scheint sie mir relevant zu sein in Bezug auf das Führungsdenken. Wer hat hier wen geführt? Ich habe den Blinden geführt. Aber wer hat die Initiative ergriffen und das Ziel, ja, in gewisser Hinsicht auch den Weg vorgegeben? Ich konnte zwar entscheiden, ob ich auf seine Bitte eingehe oder nicht, und habe bestimmt, wie ich an die Aufgabe herangehe, habe mich aber von seiner Blindheit leiten lassen. Dabei hat sich meine Unerfahrenheit im Umgang mit Blinden ausgewirkt, so dass ich den Wunsch des Blinden vielleicht nicht optimal erfüllt habe. Der Blinde hat wiederum das Tempo bestimmt, hat darüber entschieden, wann er meine Dienste, das heißt meine Führung nicht mehr gebraucht hat usw.

Eine bestimmte sachliche Konstellation (zwei Menschen in einer Fußgängerzone mit vielen Läden) im Zusammenhang mit einem menschlichen Bedürfnis (ein Blinder, der zu einem bestimmten Geschäft will und die Orientierung verloren hat) hat Anfang, Ende und Durchführung einer arbeitsteiligen Aufgabe bedingt, in denen Führen und Geführtwerden sich abwechselten und ergänzten, ja, sich manchmal durchaus paradox ausnahmen. Der Führende wurde von dem sich führen lassenden Führenden geführt. Entscheidend waren die unterschiedlichen Fähigkeiten und die Einsicht, was gebraucht wurde. Eine bewusste Abstimmung und wechselseitige Zustimmung waren dabei notwendig. Das ging nicht ohne bewussten Umgang mit mir selbst: ich musste mich umentscheiden, mich auf ihn und die neue Situation einstellen, mir innerlich zureden, mich in Bewegung setzen, mich zurückhalten ...

Gewiss sind die Führungsverhältnisse in großen Organisationen wesentlich komplizierter, diese Lektion des sozialen „Atoms" - gemeint ist die Begegnung und Beziehung zweier Menschen - bleibt aber urbildlich und maßgeblich für den Umgang von Menschen mit- und füreinander. Müssen Organisationsformen, die sie nicht berücksichtigen, nicht über kurz oder lang im Hinblick auf die beteiligten und betroffenen Menschen scheitern?

Führung zur Selbstführung

„If you don't lead yourself, someone else will do it"

Einer derjenigen, die gründlich erkannt haben, dass sinnvolles Wirtschaften heißt: mit Menschen für Menschen zu arbeiten, ist Götz W. Werner. Er hat zudem erkannt, dass Menschen sich entwickelnde Individualitäten sind. Die Konsequenz ist, dass er Führung radikal mit Selbstführung in Verbindung bringt:

> *„Führung rechtfertigt sich nur dann, wenn sie die Mitmenschen zur Selbstführung bringen möchte."*

Für Werner ist Führung rechtfertigungsbedürftig! Sie impliziert nämlich eine Ungleichheit der Betroffenen, die sich generell und dauerhaft mit der menschlichen Würde und mit einem Umgang auf Augenhöhe nicht verträgt. Deshalb muss sie danach streben, sich möglichst überflüssig zu machen oder befristet und situationsabhängig in einem arbeitsteiligen Prozess bewusst mit Funktionen umzugehen.

Führung wird in dem Sinne nicht in erster Linie Machtausübung, Anweisung und Kontrolle bedeuten, sondern:

> *„Führung heißt in erster Linie Bewusstsein wecken mit dem Ziel, möglichst viele Mitarbeiter in unternehmerische Disposition zu bringen."*

Führung wird primär zu einer Bewusstseinsfrage, zunächst des Unternehmers selbst. Sein Ziel besteht jedoch darin, seine Mitarbeiter nicht in einer weisungsbedürftigen Passivität und Abhängigkeit zu halten, sondern möglichst viele von ihnen zu Mit-Unternehmern zu machen.

Was ist mit einer unternehmerischen Disposition gemeint?

> *„Je mehr der einzelne selbst sieht, was für andere notwendig ist, desto unternehmerischer wird er in seiner Arbeit sein."*

Jeder einzelne Mitarbeiter soll an seiner Stelle Bewusstsein dafür ausbilden, was andere, mit denen er zu tun hat, brauchen. Der Gründer des Unternehmens hat auch nicht auf eine Weisung gewartet, sondern er hat ein offenes Bedürfnis wahrgenommen, das er zu erfüllen gesucht hat. Er ist in dem Maße erfolgreich, wie ihm das gelungen ist. Er wird in dem Maße erfolgreich bleiben, wie er seine Mitarbeiter zu dieser Initiativhaltung befähigt und sie ermöglicht. Er wird nicht mit Information geizen, sondern:

„Führung hat die Aufgabe, ein Handeln aus Einsicht zu ermöglichen."

Eine Kultur der Transparenz wird geschaffen werden, die jedem Mitarbeiter die Gelegenheit gibt, sich selbst ein Bild von den Prozessen im Unternehmen zu machen. Auf dieser Grundlage kann er seine Entscheidungen im Sinne des Ganzen fällen.

Eine Führungsposition ist dann nichts, was man sich persönlich zurechnen kann und was narzisstische Befriedigung verschafft; es ist eine Dienstleistung.

„Führen und geführt werden sind in der dialogischen Führung ein und dasselbe."

Nicht nur im prozessualen Arbeitsablauf können die Führungsaufgaben wechseln, sondern Führen ist immer auch ein Hören auf Bedürfnisse von anderen oder eines größeren Ganzen.

Dialogische Kultur

In der Zusammenarbeit von diversen Unternehmen und dem Friedrich von Hardenberg Institut für Kulturwissenschaften entwickelt sich eine Idee, die immer mehr zu einer Unternehmenskultur auswächst. Sie wird *dialogische Kultur*[19] genannt und versucht, der doppelten Einmaligkeit der Situation und der menschlichen Individualität gerecht zu werden. Die Situation befindet sich immer in einem Prozess, die Individualität in einer Entwicklung. Diese Kultur setzt somit auf die entsprechende Fähigkeitsbildung jedes teilhabenden Einzelnen.

Dialogisch meint hier weniger eine Kultur, in der eine bestimmte Form der Gesprächsführung im Mittelpunkt steht, als vielmehr etwas, das der ursprünglichen griechischen Bedeutung nahe steht: das, wo der Logos *hindurch (dia)* geht. Eine Schwierigkeit liegt dabei in dem heutigen Unverständnis für den Begriff des „*Logos*". Gemeint ist das, was alles durchdringt und durch alles wirkt. Einfache Beispiele lassen sich in der Natur finden: das Leben der Bienen, der Zug der Vögel, ökologische Zusammenhänge. Logos ist aber auch das, was Mensch und äußere Wirklichkeit miteinander verbindet, durch beide hindurch geht als wirksame Kraft. Diese Kraft bewirkt Entwicklung und Zusammenhang. Im Menschen wacht sie als Denk- und Urteilsfähigkeit, als Vermögen, wirkende Zusammenhänge zu erkennen, zu sich selbst auf, ergreift sich selbst und kann sich steigern. Durch den Menschen findet die Entwicklung des Logos statt, nur in ihm ist er (der Logos) noch wachstumsfähig. Es kommt aber auf jedes einzelne Ich an, ob diese Potentialität aktualisiert wird, ob es den Mut hat, sein eigenes Denken zu betätigen. Der Mensch kann seine Potentialität aus Bequemlichkeit oder Sorge brach liegen lassen, sich einem Kollektiv anpassen oder seine bereits vorhandenen Vorstellungen bzw. Vorurteile der Auseinandersetzung mit der Wirklichkeit vorziehen. (Ver-)Führer stehen bereit, ihm die Verantwortung für den Logos, das heißt dafür, dass er selbst denken, urteilen und entscheiden kann, abzunehmen. Das hat das Zwanzigste Jahrhundert uns hoffentlich zu Genüge gezeigt. Zusammenarbeit von Selbstführenden ist angesagt. Führung ist keine Frage, die getrennt von der gesamten Kultur betrachtet werden kann. Kultur bedeutet Pflege. Eine dialogische Führung kann nur im Rahmen eines ganzheitlichen dialogischen Bestrebens stattfinden. Sie impliziert auch das Streben nach Selbstführung möglichst vieler Mitarbeiter und stellt Möglichkeiten dazu her. Das bedeutet nicht, dass das dialogische Handeln des Einzelnen auf die anderen warten muss; jederzeit kann jeder einen Anfang machen; er wird sich nach den Menschen richten, mit denen er es zu tun hat - er wird dabei aber ihre Entwicklungsmöglichkeiten - den sich selbst mehrenden Logos in ihnen - aktiv suchen und unterstützen.

Logos

Der Logos-Begriff in der europäischen Kultur geht zurück auf den griechischen Denker Heraklit (um 500 v. Ch.), von dem nur Fragmente überliefert sind, wie zum Beispiel das wohl bekannteste:

„Alles ist im Fließen begriffen. "

Damit wird die Aufmerksamkeit auf die Sinneswelt gerichtet, in der wir leben: sie ist ständig im Prozess, in Veränderung. Unsere Betrachtungen über die Gegenwart hätten keinen Sinn und keine Relevanz, wenn wir nicht andauernd vor der Aufgabe stünden, uns den verändernden Verhältnissen anzupassen oder - besser noch - diesen vorzugreifen, um sie mit gestalten zu können. Dem Menschen als Gestalter entspricht eine dynamische Wirklichkeit.

Ein weiteres Fragment wird häufig in genau diesem Sinne verstanden:

„Es ist unmöglich, zweimal in denselben Fluss zu steigen. "

Der Strom des Werdens ist zwar unumkehrbar, aber es gibt *„eine tiefere Irreversibilität: dass nämlich, wer einmal aus dem Wasser gestiegen ist, nicht mehr zu der ersten Art des Schwimmens zurückkehrt"*[20]. Wer einmal auf Distanz zu dem Lauf der Dinge - und zu sich selbst in diesem Zusammenhang - gegangen ist und diesen vom Ufer aus betrachtet hat, tritt als ein Veränderter, Aufgewachter wieder in ihn ein.

„Alle Menschen haben Teil daran, sich selbst zu erkennen und verständig zu denken. "

Insofern die Menschen reflektierende, denkende Wesen sind, leben sie - und zwar alle - in der ständigen Gefahr bzw. Chance aufzuwachen, sich selbst und ihr Verhältnis zum Lauf der Dinge zu erkennen. Also nicht nur einige Bevorzugte, die die Macht an sich reißen möchten, oder designierte Führerpersönlichkeiten. Es macht den Menschen als Menschen aus, dass er der Selbsterkenntnis und des Denkens fähig ist.

> *„Deshalb muss man dem Gemeinsamen folgen. Während doch der Logos gemeinsam ist, leben die vielen, als hätten sie einen Privatverstand."*

Privat heißt im Griechischen „idios" - von dem unser Wort „Idiot" abstammt. Zwar muss jeder selbst denken; wenn er es aber wirklich tut, begibt er sich damit in einen Bereich, den er mit den anderen und der äußeren Wirklichkeit gemein hat. Und hier ist jeder entwicklungsfähig:

> *„Der Seele ist Logos eigen, der sich selbst mehrt."*

Das ist weniger eine Frage des Intelligenzquotients, als vielmehr der menschlichen Redlichkeit, der Bereitschaft, von Erfahrungen zu lernen, und der Offenheit für zukünftige Erfahrungen, der Unvoreingenommenheit.

Was hier mit Selbstführung gemeint ist, orientiert sich am Logos im eigenen Inneren und seiner Beziehung zum Logos in der Welt. Sie ist der Kern einer dialogischen Kultur im soeben gemeinten Sinne.[21]

Logos im Zwanzigsten Jahrhundert

Im Zwanzigsten Jahrhundert taucht der Logos-Begriff unter anderem in der Bezeichnung der Psychotherapieform auf, die von Viktor Frankl entwickelt wurde: *Logotherapie.*

Zugrunde lagen seine Erfahrungen als österreichischer Jude im KZ von Auschwitz. Er kam zu der in seinem persönlichen Erleben begründeten Erkenntnis, dass nur der Sinnbezug den Menschen am Leben erhalten kann. Nach dem Krieg begriff er in seiner psychotherapeutischen Praxis, dass seine Patienten nicht in erster Linie an sexueller Frustration oder mangelnder Befriedigung ihrer Geltungssucht litten, sondern an Sinnmangel. Sinn erleben wir erst dann, wenn wir über uns hinausgelangen können, uns einem größeren Ganzen zugehörig empfinden, dem wir unsere Aufmerksamkeit, unser Herz und unser Handeln widmen können:

> *„(Auschwitz) war das **experimentum crucis**. Die eigentlich menschlichen Urvermögen der **Selbst-Transzendenz** und der **Selbst-Distanzierung** (...) wurden im Konzentrationslager existentiell verifiziert und validiert. Diese Empirie im weitesten Wortsinn bestätigte den „survival value" (...), der dem „Willen zum Sinn" (...), dem über-sich-selbst-Hinauslangen menschlichen Daseins nach etwas, das nicht wieder es selbst ist - zukommt. **Ceteris paribus** überlebten jene noch am ehesten, die auf die Zukunft hin orientiert waren ...* "[22]

Fragen Sie sich, ob in Ihrem Tun und Lassen, in der Art wie Sie Ihre Arbeit verrichten, Sinn liegt - nicht nur, ob es Ihnen gefällt. Suchen Sie den Zusammenhang mit dem größeren Ganzen, in das Sie sich gestellt haben oder stellen wollen. Versuchen Sie, diesen Sinn dadurch zu steigern, dass Sie sozial orientierte, zukunftsbezogene Ideen entwickeln. Versuchen Sie, jede Entscheidung, jede Ihrer Handlungen mit Sinn zu durchdringen. Eine dialogische Unternehmenskultur ist eine Kultur, die nicht nur erlaubt, dass aufrichtig nach dem Sinn dessen, was getan wird, gefragt wird, sondern die dazu ermutigen will.

„Das Ich hat gewisse Wachstumsbedingungen.

Es ernährt sich ausschließlich nur von den Bewegungen,

die es selbst macht.

Solche, die andere an seiner Stelle machen,

sind ihm nicht nur nicht Hilfen,

sondern schwächen es nur."

Jacques Lusseyran[23]

Kapitel 3 -
Genau hinschauen - aktiv denken

*„Das Denken beginnt,
wenn das Affentheater der Assoziationen aufhört. "*

Peter Sloterdijk[24]

Der Ausgangspunkt:
Das ganz alltägliche Bewusstsein

Der Sinn der Selbstführung liegt in unserem aktiven Weltverhältnis; wir *sind* im Grunde unser Weltverhältnis, diese besondere Form des Weltverhältnisses. Darum gehe ich von unserem
Bewusstsein einer bestimmten Situation aus. Betrachten Sie
das abgedruckte Photo. Sie bemerken sofort: ein Leuchtturm
im tosenden Meer, ein Mann auf der Plattform - der Wärter?
Gleichzeitig werden Sie in ein Geschehen einbezogen: von hinten steigt eine Riesenwelle auf, die am Leuchtturm zerschellt
und dann zusammenbrechend womöglich den Mann vorne mit
sich reißen wird. Diese *Vorstellung* regt Ihr *Gefühlsleben* an,
Sie spüren eine gewisse Aufregung oder vielleicht so etwas
wie Sorge um den Mann. Dies regt wieder Ihren *Willen* an:
Sie möchten den Mann warnen! Aber da Sie nichts tun können
- es ist ein Photo -, fragen Sie sich vermutlich bloß, wie es in
der Realität abgelaufen ist, ob der Mann heil davon gekommen ist. Vielleicht wissen Sie es schon, weil Sie das Photo mal
gesehen und den Begleittext dazu gelesen haben. Schließlich
ist das Bild weltberühmt. Es wurde von einer Landesbank zur
Kundenwerbung benutzt: „Risiken sehen, Chancen nutzen."

Halten wir einen Augenblick inne, um uns zu vergegenwär-
tigen, welche Leistung wir gerade erbracht haben; eine ganz
alltägliche Leistung, die trotzdem verblüffend ist und auf

Möglichkeiten der Selbstführung hinweist, die steigerungsfähig sind. Sie haben das Photo als Photo erkannt und wissen, was darauf abgebildet ist. Das ist schon viel mehr als eine reine *Wahrnehmung*. Sie haben bereits sehr viel dazu *gedacht*. Die Wahrnehmung als solche liefert Ihnen nur Farbflecken, die Sie nicht mal benennen können. Ohne Ihre Erfahrung, die Sie im Nu denkend verarbeiten, und Ihre Beherrschung der Sprache wären Sie nicht mal imstande, sich selbst bewusst zu machen, was Sie sehen. Sie interpretieren das Wahrgenommene: Leuchtturm, Meer, Mann - Wärter. Sie schaffen *Zusammenhänge*: im Meer, auf der Plattform, hinten, vorne, oben, unten - *räumliche* Beziehungen. Und obwohl es ein Photo, also ein unbewegliches Bild ist, erfassen Sie es als Momentaufnahme eines sinnvollen Geschehens, das in der *Zeit* abläuft. Sie ergänzen das Bild zu einer Geschichte, von der Sie zwar nicht alle Elemente kennen, aber erstaunlich viele Wahrscheinlichkeiten erahnen. Ihr Denken erzeugt blitzschnell Zusammenhänge, die der Zukunft vorgreifen, aber auch Vorgänge, die bereits der Vergangenheit angehören.

Nehmen wir mal an, Sie kennen die *Geschichte* hinter dem Bild nicht. Denkend und mit etwas *Phantasie* können Sie eine erfinden, die eine gewisse Wahrscheinlichkeit hat. Sie merken, dass Sie Fragen haben und zusätzliche entwickeln können. Eine Frage hatten wir schon: ob der Mann lebend davon gekommen ist oder mitgerissen wurde. Im letzteren Fall ist er vermutlich ertrunken. Wie hätte er gerettet werden können? Schon sind verschiedene Szenarien möglich. Spielen Sie ruhig ein paar durch. -

Es gibt aber viel mehr mögliche *Fragen*. Zum Beispiel: Warum trat der Mann heraus, wo er doch wissen musste, dass ein heftiger Sturm tobt, und Erfahrung damit haben muss, wenn er Leuchtturmwärter ist? Was hat ihn dazu veranlasst? Mehrere Antworten scheinen möglich, aber eine andere Frage kann auf die richtige Spur bringen: Wie konnte diese Szene überhaupt photographiert werden? Wie kam das Photo zustande? Wo war der Photograph, als er das Bild schoss? Da es unwahrscheinlich ist, dass in so direkter Nähe des Leuchtturms ein zweiter steht, muss der Photograph in der Luft gehangen haben. An einem Kran? In einem Flugzeug? Ein Hubschrauber scheint bei dieser Perspektive die wahrscheinlichste Alternative. Tatsächlich ist der Leuchtturmwärter - er ist es - wegen des Helikopterlärms herausgekommen; er war eben neugierig und wollte sehen, was los ist. Und ja, was macht ein Hubschrauber dort bei diesem Wetter? Bilden Sie ein paar Hypothesen. Wieder brauchen Sie etwas Phantasie, bei der Ihnen Ihre Erfahrungen zuhilfe kommen können. - Der Photograph bereitet ein Buch über Leuchttürme vor und braucht dazu fotogenes Wetter ... Wenn der Wärter umgekommen ist, dann wäre der Photograph gewissermaßen mitverantwortlich für dessen Tod. Oder konnte er vom Helikopter aus rechtzeitig gewarnt oder gar gerettet werden?

Man könnte hier sehr weit gehen. Wir bestimmen zum Beispiel auch Ort und Zeit. Vor welcher Küste stand der Leuchtturm? In welcher Zeit - Jahrhundert? Jahrzehnt? Jahr? Jahreszeit? - spielt sich das Geschehen ab? Gibt das Bild dafür Hinweise? Die Bauweise des Turms? Die Kleidung des Mannes? Können wir Zusammenhänge denken, die die Möglichkeiten einschränken? Bemannte Leuchttürme, Helikopterphotographen ... Heute ist der Leuchtturm automatisiert und wird vom Land aus ferngesteuert, ist also unbemannt. Das kann man nachvollziehen: ist das Photo nicht ein Bild der Einsamkeit? Ist es Ihnen in den Sinn gekommen, dass ein zweiter Wärter im Turm sein könnte? Die Wärter verrichteten dort ihre Arbeit immer zu zweit! - Wir wissen aus dem Begleittext, dass es die Atlantikküste am äußersten Zipfel der Bretagne ist, westlich der Île de Ouessant, der letzten Insel vor Finistère, auf einer vorgelagerten Felsklippe. Wer hier westwärts segelt, wird erst in Kanada wieder auf Land stoßen. Und es war am 21. Dezember 1989. Die Automatisierung des Leuchtturms fand 1991 statt.

Wir müssen auch *wissen, was wir nicht wissen.* Dass wir zum Beispiel weder den Namen des Mannes kennen (Théodore Malgon), noch den des Photographen (Jean Guichard) oder des Leuchtturms (La Jument). Und alle haben eine Geschichte. Was macht Malgon, seit La Jument automatisiert ist? Hat er eine Familie? Wann wurde der Leuchtturm gebaut und was war der Anlass? Denken Sie sich ein paar mögliche Antworten aus. - Die richtige ist diese: Im Jahr 1878 erlitt an diesem Ort ein gewisser Monsieur Potron beinah Schiffbruch. Er verfügte in seinem Testament, dass dort aus seiner Erbschaft ein Leuchtturm errichtet werden sollte. Der Turm war 1911 nach sieben Jahren Bauzeit fertig. - Wie hoch könnte er sein? Fast 48 Meter. Wie ist er verankert? usw.

Wir können zum Schluss unser *Gedächtnis* auf die Probe stellen. Beantworten Sie folgende Fragen, ohne nochmal auf das Bild zu schauen. Ist der Turm rund, sechs- oder achteckig? Welche Farbe hat die Umzäunung der Plattform? Wie ist sie konstruiert? Welche Farbe haben die Fensterrahmen? Und die Tür? Aus wie vielen Teilen bestehen die Fenster? Wie sieht der Gegenstand aus, der ebenfalls auf der Plattform im Bild ist? Welche Kleidung (Kopfbedeckung?) trägt Malgon? Vielleicht bemerken Sie, dass Sie manches nicht nur nicht mehr wissen, sondern nicht mal bewusst wahrgenommen haben. Vielleicht haben Sie sogar etwas geglaubt, von dem sich nachher zeigte, dass es nicht stimmt, Sie haben es sich eingebildet. Wieso eigentlich?

Übrigens, falls Sie es wirklich nicht wissen: Malgon hat - wie die Landesbank uns allen empfiehlt - das Risiko gesehen und seine Chance genutzt; er ist in letzter Sekunde, als ihm die Gischt die Sicht nahm, in den Turm zurück geflüchtet.

Erfahrungsurteile

Wir haben ein Photo betrachtet. Das gibt uns auch eine Momentaufnahme des Funktionierens unseres ganz gewöhnlichen Bewusstseins, insofern es auf die Welt bezogen ist. Es beginnt damit, dass wir etwas wahrnehmen. Wahrnehmend werden wir mit Neuem konfrontiert, das es genau so noch nie gegeben hat, jedoch geht dies sofort in ein *Wiedererkennen* über, das dem Wahrgenommenen eine mehr oder weniger vertraute Bedeutung verleiht: Das Denken bringt das Neue mit dem schon Bekannten, mit der Erfahrung zusammen.

Dabei werden die Einzelheiten räumlich geordnet und in ein zeitliches Geschehen eingefügt, das sowohl in der Vergangenheit wie in der Zukunft weit über das Wahrgenommene hinausgeht. Dadurch entstehen Fragen und ein Bewusstsein des Nicht-Wissens. Es werden Hypothesen gebildet, Vermutungen ausgesprochen, Wahrscheinlichkeiten eingeschätzt. Das kann dazu führen, dass die Wahrnehmung gezielt wiederholt oder, wenn möglich, ausgedehnt wird. Es können auf anderen Wegen zusätzliche Informationen eingeholt werden.

Die eigentliche Leistung des Denkens besteht darin, dass Zusammenhänge geschaffen werden, die als solche nicht gegeben sind und auch nicht gesehen werden können - auch wenn sie sich manchmal förmlich aufzudrängen scheinen.

Die Verbindung von Wahrnehmung und Denken könnte nicht ohne Phantasiebetätigung stattfinden, die sich ihrerseits wieder in der Erinnerung niederschägt: wir leben in Vorstellungsbildern. Auch was wir wahrzunehmen meinen, ist von unserer Vorstellungskraft durchsetzt.

Diese komplexe, aber ganz alltägliche Leistung ist verblüffend, aber irrtumsanfällig, sie lässt sich perfektionieren. Häufig sehen wir nur, was wir kennen, wir bestätigen bloß unsere *Vorurteile*. Wir halten für Erfahrung, was wir seit dreißig Jahren falsch sehen oder machen. Einiges sehen wir überhaupt nicht oder können uns nicht daran erinnern. Hier liegt ein Angriffspunkt für unsere Selbstführung. Dazu müssen wir unsere Bewusstseinsleistung genauer in den Blick nehmen und steigern. Der Mensch ist das Wesen, das ein Bewusstsein seines Bewusstseins hat, und dadurch in der Lage ist, seine gegebene Bewusstseinsleistung positiv zu beeinflussen. Das erfordert ein analytisches Vorgehen, das die darin vorhandenen Teilfähigkeiten voneinander absondert und der Reihe nach betrachtet und in Angriff nimmt.

Bevor wir uns diesen Teilfähigkeiten zuwenden, beschreibe ich eine Übung, die die komplexe Gesamtleistung der Interpretation eines Wahrgenommenen zum Gegenstand der Selbstführung macht.

Übung 1 -
Wahre Geschichten erfinden

1. Nehmen Sie die Wahrnehmung einer menschli-
    chen Handlung als Ausgangspunkt, z.b. eine
    Arbeitsverrichtung einer Kollegin, das Aus-
    drucksverhalten Ihres Ehemanns, eine Frei-
    zeitbeschäftigung eines Nachbarn, Arbeiter
    auf einer Baustelle usw.

    (Naturvorgänge eignen sich hierfür weni-
    ger, weil wir Ursachen und Ziele weniger gut
    durchschauen. Es soll auch etwas sein, dass
    Sie in seinem wirklichen Zusammenhang über-
    prüfen können.)

2. Stellen Sie sich das Wahrgenommene möglichst
    genau vor.

3. Stellen Sie sich vor, wie es weitergehen
    wird, was demnächst folgen wird, wozu es
    führen, welches Ziel angestrebt wird. - Oder
    erklären Sie das Verhalten aus der Vergan-
    genheit, fragen Sie sich, was vorangegangen
    sein mag, dass dieses jetzt so der Fall ist.

4. Entwerfen Sie - möglichst konkret und bild-
    haft - zusätzliche Szenarien, die möglich
    sind.

5. Entscheiden Sie sich für das Szenario, was
    Ihnen am wahrscheinlichsten vorkommt.

6. Informieren Sie sich über das, was wirklich
    stattgefunden hat, entweder durch Nachfragen
    oder durch konsequente Beobachtung (Verifika-
    tion/Falsifikation).

7. Beobachten Sie Ihre emotionale Reaktion.
    Versuchen Sie sachlich zu bleiben und sich
    klar zu machen, wo und warum sich Irrtümer
    eingeschlichen haben. Was können Sie daraus
    lernen?

Die Ambivalenz der Erfahrung

Alles, was wir erleben, hinterlässt Spuren, wir sammeln Erfahrung. Auf diese Weise lernen wir, so wachsen unser Wissen und unsere Fähigkeiten, im Prinzip ein ganzes Leben lang. Man kann die Bedeutung der Erfahrung kaum überschätzen; wir kämen nicht einmal heil über die Straße. Und trotzdem hat sie eine Kehrseite. Wir haben die Neigung, unsere Erfahrungen aus der Vergangenheit als Erwartungen in die Zukunft zu projizieren. „Ich weiß, was passieren wird; das habe ich schon tausendmal erlebt." - „Ich weiß schon, was Du sagen wirst; ich kenne Dich doch!" Abgesehen davon, dass alles auch mal anders kommen kann, kann es dazu beitragen, dass andere Menschen sich entsprechend den Erwartungen verhalten (*selffulfilling prophecy*). Erwartungen üben eine Wirkung aus.

Eine Geschichte

Hoch oben vom Krähennest (...) starrte der Ausguck Frederick Fleet in die schimmernde Nacht. Es war ruhig, klar und bitter kalt. Es war eine mondlose Nacht, aber keine Wolke schob sich vor die glitzernden Sterne. Der Atlantik glich einer polierten Glasplatte; später sagten mehrere Leute, sie hätten ihn noch nie so glatt gesehen. (...) (Fleet hatte seine) Wache angetreten um 22:00 Uhr (...) bisher war nichts Ungewöhnliches passiert. Nacht, Sterne, schneidende Kälte, der Wind, der in der Takelage pfiff, während (das Schiff) mit 22,5 Knoten über die ruhige, schwarze See dahinjagte. Es war fast 23:40 Uhr am Sonntag, dem 14. April 1912."[25]

Sie haben die Geschichte identifiziert?

Die Titanic war bekanntlich ein Passagierschiff, größer als alle zuvor und mit wichtigen technischen Neuerungen, weshalb es als unsinkbar galt. Für seine Jungfernfahrt war Kapitän Smith engagiert, der erfahrenste Kapitän, über den die Reederei verfügte; es wäre seine letzte Fahrt vor der Pensionierung gewesen. Es wurde seine letzte Reise überhaupt. Während dieser

Fahrt sank die Titanic. Außer Kapitän Smith ließen mehr als tausend Menschen ihr Leben, obwohl auf der Titanic mehr Rettungsboote vorhanden waren als damals üblich.

Warum ist die Titanic gesunken?

Eine naheliegende Antwort ist: Weil sie mit einem Eisberg zusammengestoßen ist. Gewiss, ohne den Eisberg hätte das Ganze so nicht stattgefunden, aber warum ist die Titanic mit ihm zusammengestoßen? Das war doch nicht zwingend? Auf dieser Route war die Durchquerung von Eisfeldern eine normale Sache und die Crew war gewarnt. Sie wusste nicht nur im Allgemeinen von diesen Eisfeldern, sondern hatte von anderen Schiffen Meldung bekommen, wo genau das nächste Eisfeld gesichtet worden war. Es war üblich, dass man auf Sicht auf es zu fuhr und den Eisbergen auswich. So hatte Kapitän Smith es früher schon unzählige Male gemacht.

Manche bringen an dieser Stelle das Fernglas ins Spiel. Es war im Hafen zurückgeblieben, weil der Schlüssel, um den Schrank zu öffnen, nicht auffindbar war. Mit dem Fernglas hätte man den Eisberg früher gesehen, hätte mehr Zeit zum Reagieren gehabt und die Kollision dadurch vielleicht verhindern können. Auch das ist keine zwingende Erklärung, weil man auch ohne Fernglas durch Eisfelder fahren konnte und fuhr.

War Selbstüberschätzung im Spiel? Manche meinen, man fuhr mit maximaler Geschwindigkeit, um das blaue Band für die schnellste Überquerung zu gewinnen. Das ist nicht der Fall; das Schiff fuhr zwar schnell (22,5 Knoten), hätte aber noch zulegen können. Die Höchstgeschwindigkeit betrug 24 bis 25 Knoten.

Die Crew hat anscheinend alles richtig gemacht. Simulationen und Nachrechnung des Unfallverlaufs haben gezeigt, dass die Reaktion auf das Auftauchen des Eisbergs optimal war; schneller hätte das Schiff nicht die Geschwindigkeit reduzieren und die Richtung ändern können. Die Erfahrung hat diese „optimale" Reaktion möglich gemacht. Sie war aber genau eins der Probleme - in diesem Fall! Denn die Titanic war ein Schiff, wie es das vorher nicht gegeben hatte; sie verhielt sich anders als die Schiffe, die Kapitän Smith bis dahin gefahren hatte - sie brauchte viel mehr Zeit, um die Richtung zu ändern, und sie war anders gebaut. Wenn er das wirklich berücksichtigt hätte, hätten er oder sein Erster Offizier Murdoch, der das Kommando auf der Brücke führte, eine Entscheidung treffen können, die neu und nur scheinbar unvernünftig war: nachdem der Eisberg in dieser Entfernung bemerkt worden war, mit dem Bug voraus auf den Eisberg zufahren! Denn die Titanic hatte einen doppelten Boden und war in 16 wasserdichte Abteilungen unterteilt, die durch 15 wasserdichte, aber nicht bis ganz oben reichende Querschotten gebildet wurden. Sie konnte sich über Wasser halten, wenn beliebige zwei dieser Kammern unter Wasser standen, sogar noch wenn die ersten vier Kammern ausfielen - was nicht einmal bei einer frontalen Kollision passiert wäre. Aber durch den Versuch, das Schiff - wie üblich und anscheinend selbstverständlich - zu wenden, rammte es den Eisberg seitlings; die genietete Schiffswand wurde über eine Länge von mindestens 90 Meter leckgeschlagen. Die ersten fünf Abteilungen waren überflutet. Die Trennwand zwischen der fünften und sechsten Kammer reichte nur bis zum E-Deck. Beim unvermeidlichen Sinken des Bugs lief das Wasser in die sechste Kammer über. Wenn diese voll war, in die siebte und so weiter. Thomas Andrews, der Erbauer des Schiffes, der dessen Jungfernfahrt mitmachte, wusste nach einer Inspektion sofort, dass die Titanic nicht zu retten war. Das Schließen der Schotten nutzte nichts. Dagegen wäre der Schaden bei einer frontalen Kollision begrenzt geblieben, das Schiff wäre nicht gesunken.

Auch wenn man Kapitän Smith oder Murdoch kaum hätte zumuten können, eine solche Entscheidung zu treffen, wenn man sich in ihre Situation versetzt, kann mit einer gewissen Berechtigung gesagt werden, dass frühere Erfahrungen verheerend mitgespielt haben. Natürlich kann man sagen: wenn es eine mondhelle Nacht gewesen wäre, wenn der Eisberg 15 Sekunden früher (oder später!) gesichtet worden wäre, wenn dies, wenn das, dann ... Tatsache bleibt, dass die Entscheidung nicht die aktuell relevanten Faktoren berücksichtigt hat, sondern erfahrungsbedingt - und fatal war.

Wie die Erfahrung bereits unsere Wahrnehmung beeinflusst, wird aus dem Buch von Walter Lord ebenfalls ersichtlich. Einige Beispiele.

Fleet sah zunächst etwas,

> *„das noch dunkler war als die Dunkelheit. Anfangs war es klein (ungefähr so groß wie zwei zusammengestellte Tische, dachte er), aber von Sekunde zu Sekunde wurde es größer, kam es näher."*[26]

Dann erkannte er, dass es ein Eisberg war, und rief die Brücke an.

George Thomas Rowe, der Wache auf der Achterbrücke ging, Vollmatrose, spürte plötzlich,

> *„wie eine merkwürdige Bewegung den gleichmäßigen Rhythmus der Maschinen störte. Es war fast so, als stieße das Schiff etwas unsanft gegen die Pier. Er sah nach vorn - rieb sich die Augen - starrte wieder. Ein Windjammer unter vollen Segeln schien an Steuerbord vorüberzugleiten. Dann wurde es ihm klar, dass es ein Eisberg war, was da wie ein Turm, vielleicht dreißig Meter hoch, aus dem Wasser ragte."*[27]

Als im Speisesaal ein schrammendes Knirschen die Bestecke erklirren und die Unterhaltung verstummen lässt, meinte Steward James Johnson genau zu wissen, was das war.

> *„Er kannte das, wenn ein Schiff sich leicht zu schütteln scheint, weil es ein Blatt der Schiffsschraube verloren hat, und er wusste, dass eine Panne dieser Art einen Abstecher zurück zur Werft (...) bedeutete - und das wiederum bedeutete eine Menge Freizeit, in der man die Gastlichkeit des Hafens auskosten konnte. Irgend jemand am Tisch pflichtete ihm bei und sang mit geübter Stewardsstimme aus: „Einen Abstecher nach Belfast, meine Herrschaften!"*[28]

Offenbar verbinden Erfahrungswerte sich gern und leicht mit Wunschgedanken und Emotionen.

> *„Auch die Passagiere in den Kabinen spürten den Stoß und versuchten, ihn mit irgendwelchen bekannten und vertrauten Erlebnissen in Verbindung zu bringen. Marguerite Frölicher, eine junge Schweizerin, die ihren Vater auf einer Geschäftsreise begleitete, fuhr hoch. Noch halb im Schlaf, fielen ihr nur die kleinen, weißen Fährboote von Zürich ein, die manchmal unsanft anlegen. Schlaftrunken sagte sie vor sich hin: „Wie komisch (...) wir legen an!" Major Arthur Godfrey Peuchen (...) dachte, dass eine schwere Woge das Schiff getroffen haben müsse. Mrs. J. Stuart White saß auf der Bettkante (...), als das Schiff über 'tausend Murmeln` zu rollen schien. Lady Cosmo Duff Gordon, die von dem Stoß erwachte, schien es, 'als streiche ein Riesenfinger über die Flanke des Schiffes`. Mrs. John Jacob Astor dachte, in der Küche müsse ein Missgeschick passiert sein. Einigen erschien der Stoß stärker als anderen. Mrs. Albert Caldwell musste an einen großen Hund denken, der ein Junges in der Schnauze hält und es kräftig durchschüttelt. Mrs. Walter B. Stephenson fiel der erste, unheilschwangere Stoß damals beim Erdbeben von San Francisco wieder ein, das sie miterlebt hatte - fand dann aber, dieser hier sei nicht so stark gewesen. Mrs. E. D. Appleton spürte kaum eine Erschütterung, aber sie bemerkte ein unangenehmes, reißendes Geräusch (...) so, als zerreiße jemand einen langen, langen Streifen Kaliko.*

Was hätten Sie gedacht?

> *Das knirschende Schnarren sagte dem Generaldirektor der White Star Line, J. Bruce Ismay, wesentlich mehr. (...) In seiner luxuriösen Suite auf dem B-Deck fuhr er unsanft aus dem Schlaf auf - er war überzeugt, das Schiff müsse einen Zusammenstoß gehabt haben, aber womit, konnte er nicht sagen."*[29]

Derjenige, der richtig erkennt, dass es um einen Zusammen-stoß handelt, ist zugleich derjenige, der weiß, dass er nicht weiß, womit das Schiff zusammengestoßen ist. Er urteilt behutsam.

Was ist uns mit der Wahrnehmung eigentlich gegeben?

Wahrnehmen

Das Photo des Leuchtturms La Jument war schräg von oben aufgenommen, und natürlich war der Helikopter mit dem Photographen nicht mit auf dem Bild, wie auch der zweite Wärter im Innern, die Rückseite des Turms und die Küste nicht. Nicht nur im Fall eines Photos, sondern *immer* ist die Wahrnehmung *perspektivisch* und *fragmentarisch*: wir nehmen von einem bestimmten Standpunkt aus wahr, und dem ist nur ein Ausschnitt des Raumes gegeben; auch zeitlich hat die Wahrnehmung einen Anfang und ein Ende, obwohl der eigentliche Vorgang nachher weitergeht, so wie er auch einen Vorlauf hatte. Das Bild ist nur eine Momentaufnahme.

Während Malgon den Helikopter beobachtet, sieht er nicht die Welle, die hinter ihm ist; er nimmt die Gischt (noch) nicht wahr, aber gleich wird sie ihm die Sicht nehmen. Wieder drinnen im Turm, wird sein Wahrnehmungshorizont abermals ein ganz anderer sein. Da das, was Sie wahrnehmen, was Sie mit Ihren eigenen Augen sehen, eine große Überzeugungskraft auf Sie ausübt, ist es besonders wichtig, nie zu vergessen, dass dies nur von Ihrem Standpunkt aus auf diese Weise erscheint, unvollständig und noch nicht die Wirklichkeit ist. Das wird es in dem Maße, wie Sie mit mehreren Sinnen zugleich wahrnehmen, die Wahrnehmungen mit denen der anderen Zeugen verbinden, mit Ihren Gedanken erfassen und in Ihrer Erfahrung verankern können.

Dabei machen wir uns in der Regel nicht mehr klar, was wahrnehmlich genau gegeben ist; wir haben eine brauchbare

Vorstellung von dem, was wir für die Realität halten. Für den praktischen Alltag funktioniert sie meistens; ohne sie wären wir aufgeschmissen. Sie ist aber trotzdem unvollständig und schematisch, wenn nicht teilweise bis ganz und gar falsch. Sie brauchen nur ab und an eine bestimmte Vorstellung zu überprüfen, um sich davon überzeugen zu können. Zum Beispiel Ihre Erinnerungen an das Photo.

Wer seine kognitive Selbstführung steigern will, wird seine Wahrnehmungsfähigkeit stärken. Er wird sich bewusst machen, dass das Wahrnehmliche eine unendliche Herausforderung in sich birgt. Wenn wir genau und dabei vollständig wahrnehmen wollen, können wir im Prinzip nie fertig werden. Im Alltag beschränken wir uns auf das Wesentliche oder Relevante. Aber wie weiß ich, was wesentlich, wichtig oder relevant ist? Aus Erfahrung! Aber die kann durch neue Erfahrungen überholt werden! Die Wahrnehmung zeigt uns die Wirklichkeit in ihrer aktuellen Erscheinungsform als Gegenwart. Diese kann jeden Augenblick unsere Urteile darüber, was wichtig ist, falsifizieren. Wenn Inspektor Montalbano[30] den Ort eines Verbrechens besichtigt, muss er alles in Augenschein nehmen, weil sich erst im Laufe der Untersuchung herausstellen kann, welche Details die Ermittlung auf eine Spur setzen können. Das sind manchmal ganz andere als zunächst angenommen. Nicht nur in Kriminalromanen ist eine zu schematische, routinierte Wahrnehmungshaltung kontraproduktiv, irreführend oder gar gefährlich.

Übung 2 -
Perspektiven der Wahrnehmung

1. Wählen Sie einen Ihnen vertrauten Gegenstand, stellen Sie ihn in einer bestimmten Position vor sich hin und zeichnen Sie genau die Form, die Sie aus dieser Perspektive sehen.

2. Stellen Sie den Gegenstand in eine Position, die ihn Ihnen ganz anders zeigt, und zeichnen Sie wieder, was Sie sehen

3. Verzichten Sie auf jeden (inneren) Kommentar und lassen Sie die unterschiedlichen Bilder als innere Vorstellung auf sich wirken.

Variationen:

Sie können versuchen auch die Farbschattierungen mit Buntstiften oder Aquarellfarbe wiederzugeben.

(Nicht die Farbe, die Sie mit dem Gegenstand assoziieren, z. B. der Himmel ist blau, die Bäume sind grün, sondern diejenige, die Sie wirklich wahrnehmen, mit Lichtspiegelungen, Schatten etc.)

Eine wichtige Ergänzung ist die Beobachtung von *Prozessen* statt statischer Gegenstände, z.B. eine wachsende, blühende oder verwelkende Pflanze oder die wechselnde Wolkenkonstellation am Himmel. Aus einer bestimmten Perspektive können Sie das Erscheinungsbild über längere Zeit z.B. täglich oder wöchentlich wiederholt beobachten und zeichnen. In Wirklichkeit verändert sich alles, auch scheinbar statische Objekte, nicht allein im Laufe längerer Zeit, sondern bereits durch den Lichteinfall. Impressionisten malten ein und denselben Gegenstand zu verschiedenen Tageszeiten. Ganz unterschiedliche Bilder sind das Ergebnis.

Vielleicht möchten Sie nicht nur ein fotografisches, sondern ein „filmisches" Gedächtnis anstreben?

Aufwachen für die Aufmerksamkeit

Betrachten Sie das folgende Bild:

Sie werden höchstwahrscheinlich zwei Menschen in einem bestimmten Verhältnis zueinander sehen, für das Sie eine Interpretation bereit haben, etwa „Nacktes Liebespaar".

Kinder unter einem bestimmten Alter sehen in der Regel etwas völlig anderes, auf das der Text auf dem Bild anspielt: „Message d´amour des Dauphins" - Liebesbotschaft der Delphine.

Sehen Sie die Delphine? Eltern, die durch eine Ausstellung gingen, zu der dieses Bild gehörte, reagierten verblüfft auf ihre Kinder: „Was? Delphine? Wo seht ihr denn Delphine?"

Mancher Erwachsene braucht tatsächlich eine gewisse Suchzeit, bevor er die Delphine gefunden hat. Daran lassen sich einige Beobachtungen festmachen.

Zunächst der Einfluss der Erfahrung, der den Unterschied zwischen dem, was Kinder, und dem, was Erwachsenen sehen, erklären mag ... Diese Erfahrung ist nicht frei von Interesse; unser Triebleben bestimmt mit, was wir (als erstes) sehen. Nonnen, die durch die Ausstellung gingen, erröteten, als sie hörten, dass auch Delphine auf dem Bild zu sehen sind.

Dann lässt sich fragen, wie lange es gedauert hätte, bis Sie die Delphine gesehen hätten, wenn Sie nicht auf sie aufmerksam gemacht worden wären, das heißt, wenn Sie nicht gewusst hätten, dass noch etwas zu sehen ist, und was es ist … , also wenn Sie nicht über den Such*begriff* verfügt hätten. Begriffe *lenken* unseren Blick und funktionieren als Strukturierungsfaktoren. Man kann sie buchstäblich als *Formkräfte* bezeichnen, die die Wahrnehmungselemente ordnen und gestalten, sie in einen bestimmten Zusammenhang bringen, der ihnen erst Bedeutung gibt, Sinn verleiht. Vorher haben Sie die Delphine nicht *gesehen*, obwohl sie wahrnehmlich gegeben waren.

Es ist weitgehend so, dass wir nur sehen, was wir kennen, das heißt wofür unsere Erfahrung einen Begriff - in Form einer schematischen Vorstellung - parat hält. Was wir wahrzunehmen glauben, ist meist nur das Wiedererkennen eines bekannten Musters. Dabei werden nicht mal die Einzelheiten des Wahrnehmlichen registriert; wir „hängen" den Begriff, mithilfe dessen wir das Gesehene interpretieren, an einigen wenigen Schlüsselelementen „auf". Versuchen Sie das Bild des

Liebespaars innerlich zu rekonstruieren: wie viele und welche Elemente haben Sie vor Ihrem inneren Auge?

Ein Weiteres: Die „Liebesbotschaft der Delphine" ist ein *Vexierbild*. Es ist absichtlich so konstruiert, dass es „kippen" kann; mal sieht man das Liebespaar, mal die Delphine - wenn man sie einmal gesehen hat. Es ist aber vor allem interessant, dass man auch aktiv vom einen zum andern „switchen" kann. Versuchen Sie einige Male, Ihren Blick umzustellen vom Liebespaar auf die Delfine, wieder zurück zum Liebespaar etc. Beobachten Sie sich dann dabei, wie Sie das machen. Was tun Sie innerlich, wenn Sie die Delphine sehen wollen? Was, wenn Sie zu den Liebenden zurückkehren? Sie nehmen eine Umstellung Ihrer inneren Einstellung vor; Sie erleben diese als eigene Tätigkeit *in* Ihnen. Diese bezieht sich aber auf das Bild vor Ihnen; *dort* nehmen Sie die Veränderung wahr. Was Sie dort sehen, hängt von Ihrem Blick ab.

Die Schlussfolgerung, dass Sie sehen können, was Sie wollen, dürfen Sie aber nicht verallgemeinern. Etwa im Sinne des Konstruktivismus, eine philosophische Richtung, die behauptet, dass die Wirklichkeit *nur* unsere Konstruktion sei. Wenn den dunklen Teilen des Bildes nicht genau die Form von Delphinen gegeben worden wäre, würden Sie auch keine sehen bzw. wiedererkennen. Es wäre eine willkürliche Phantasieleistung gewesen, wenn doch. So wie wenn Sie in die Wolkenformen etwas „projizieren" und Engel oder Bären „sehen". Sie „wissen" dann sehr wohl, dass es keine sind - im Gegensatz zu den Delphinen, von denen Sie nicht zu Unrecht annehmen, dass sie als solche vom Zeichner wirklich gewollt sind.

Trotzdem können und müssen wir festhalten,

1. dass unser „Wahrnehmungsbild" von Begriffen durchdrungen ist, wenn wir etwas wiedererkennen; für das, was wir nicht wiedererkennen, fehlt uns der passende Begriff.

2. Unser Blick wird bereits beim Hinschauen von diesen Begriffen gelenkt.

3. Wir verfügen über die Möglichkeit, unseren Blick umzustellen - das heißt andere Begriffe zu verwenden, auszuprobieren oder gar zu erfinden - und sind dann in der Lage,
anderes in demselben Gegebenen zu entdecken - z.B. was
ein anderer zu unserer Verblüffung sieht. Wenn nicht, fehlt
uns das Verständnis für den anderen und die Verständnis-
möglichkeit. Diese geht entweder über den Begriff oder
über den Zeigefinger; aber auch dieser hilft nur, wenn die
begriffliche Deutung dessen, worauf hingewiesen wird,
mitvollzogen werden kann. Schon das Verständnis des Hin-
weisens fehlt, wenn nicht gedacht wird. Das illustriert der
Hund, wenn er nach dem Zeigefinger schnappt - statt nach
dem, worauf gezeigt wird.

4. Wir können unterscheiden zwischen dem, was wir wirklich
sehen, und dem, was mit etwas Phantasie annähernd mit
dem Gegebenen assoziiert werden könnte, das heißt welche
Interpretation „richtig" oder „falsch" ist. Versuchen Sie zu
beobachten, wie das Urteil sich einstellt, dass tatsächlich
Delphine in dem Bild zu sehen sind. Wir sind imstande, bewusst, wir können auch sagen kritisch, ein Urteil zu bilden
über das, was Wirklichkeit ist und was nicht, und uns inter-
subjektiv darüber zu verständigen - wenn wir Begriffe und
Wahrnehmung vorurteilsfrei und probeweise miteinander
in Berührung bringen, unseren Blick umstellen können, bis
das Experiment der Verschmelzung von Begriff und Wahrnehmung gelingt.

Nicht nur im Fall von Vexierbildern sind diese Beobachtungen
relevant. Die Wirklichkeit, mit der wir es zu tun haben, ist
häufig so komplex und veränderlich, dass unsere Erfahrungs-
begriffe nicht mehr greifen oder nicht ausreichen, um die relevanten Aspekte einer Situation richtig zu erkennen und zu
bewerten, oder auch verstehen zu können, warum ein anderer
Mensch „sieht", was wir nicht „sehen". Oft sind mehrere Perspektiven auf denselben Sachverhalt möglich. Statt eine Dis-
kussion darüber zu führen, wer Recht hat, wäre der Versuch,
den eigenen Blick zu lockern und den des anderen nach- und

mitzuvollziehen, viel fruchtbarer. Beide müssen dann aber partnerschaftlich zusammenarbeiten wollen beim Versuch, den eigenen Blick an der Interpretation der sorgfältig aufgezeigten Einzelheiten zu „demonstrieren", bis es beim anderen „klickt" - und vice versa. Es muss aber auch ausgehalten werden, dass das eigene Urteil in Frage gestellt oder das Urteil überhaupt offen gehalten wird, solange das nicht der Fall ist. Das Urteil muss an der Sache gebildet werden, nicht an dem, was einem lieb oder vertraut ist, oder an Machtverhältnissen, welcher Art auch immer.

Solche sozialen Prozesse sind natürlich abhängig von der Fähigkeit der Selbstführung, die in diesem Bereich vorhanden ist. Diese kann geübt werden, zum Beispiel an Vexierbildern im obigen Sinne. Eine grundlegende Fähigkeit besteht allerdings im willkürlichen, freien Richten der Aufmerksamkeit, des Zaubermittels für das Wahrnehmen.

Übung 3 -
Die freie Aufmerksamkeit

- Schließen Sie die Augen und konzentrieren Sie sich auf das Hören bzw. die aktuellen Geräusche.

- Lassen Sie Ihre Aufmerksamkeit von den wechselnden Geräuschen, die sich Ihnen aufdrängen, bewegen und lenken. Versuchen Sie keins festzuhalten; die selben Geräusche können kommen und gehen, völlig andere auftauchen. (Sie können dabei nebenbei auf Ihre Befindlichkeit achten: häufig tritt Weitung und Entspannung ein, die, wenn Sie möchten, Ziel einer eigenen Übungsform sein kann.)

- Nach einer Weile versuchen Sie ein Geräusch „herauszufiltern" und festzuhalten. Wenn Sie abgelenkt werden, kehren Sie einfach, ohne zu verkrampfen, wieder zu dem Ausgewählten zurück. Machen Sie sich bewusst, wie Sie Ihre Aufmerksamkeit führen.

- Bemerken Sie, dass Sie die Geräusche irgendwie innerlich benennen (was es ist, das Sie hören) oder kommentieren. Vielleicht stellen Sie sich dasjenige vor, was dieses Geräusch macht? Assoziationen stellen sich ein, die das aktuelle Hören abdämpfen. Vielleicht treten auch Gefühle auf; das Geräusch ist angenehm oder unangenehm, vielleicht auch das, woran Sie dabei denken. Registrieren Sie diese Vorstellungen und Gefühle.

- Lassen Sie diese fließen und kehren Sie zum Geräusch selbst zurück. Als Konzentrationshilfe versuchen Sie, das Geräusch als solches zu „schildern", zu charakterisieren, dabei verzichtend auf jedes Wissen darüber, was das Geräusch verursacht.

Vielleicht entdecken Sie bei dieser Übung, wie sehr Sie auf das, was Sie sehen, die visuelle Welt, orientiert sind und wie bestimmend diese für unser begriffliches und in Sprache gefasstes Denken ist. Sie können auch bemerken, dass Ihr Erfahrungswissen das aktuelle Hören leicht überstimmt. Um das Gehörte zu charakterisieren, brauchen Sie einen übenden Umgang mit anderen Begriffen, Vergleichsmomenten, Ausdrucksformen, die Ihre innere Freiheit erweitern und Ihre Wachheit für die Eigenart des Wahrnehmlichen erheblich steigern können. Sie können die Übung dadurch variieren, dass Sie mal auf mechanische oder Naturgeräusche, mal auf musikalische Töne, Tonfolgen und (Dis-)Harmonien, mal auf Klangäußerungen von Tieren, mal auf menschliche Stimmen achten. Die wichtigste Lernerfahrung ist jedoch, dass Sie mit dem Lichtstrahl Ihrer Aufmerksamkeit im Prinzip alles, was Sie wollen, in Erscheinung rufen und ihm neue Aspekte abgewinnen können. Die freie Aufmerksamkeit ist eine Grundfähigkeit unserer Selbstführung.

Denken - Aufmerksamkeit für den Logos

Wir leben in Vorstellungsbildern. Manchmal sind diese recht schematischer Art, fast beschämend primitiv. Wer hat beim Wort „Tisch" nicht sofort etwas vor dem inneren Auge, das einer rechteckigen Fläche mit vier Beinen darunter ähnelt? Wie wir sahen, kommen diese Vorstellungen durch die Verbindung von Wahrnehmungen und Begriffen zustande, die amalgamiert den Inhalt unserer Erfahrung bilden. Viele Erfahrungen ziehen sich zusammen, wobei immer mehr Einzelheiten wegfallen, bis am Ende nur noch „abstrakte", das heißt „abgezogene", eben diese schematisierten Formen übrig bleiben. Diese stellen sich bei den entsprechenden Wörtern blitzschnell ein, wir „wissen", wovon die Rede ist. Aber was ist der Begriff, der denkend erfasst werden kann, der die Sache als solche ausmacht? So wenig wie die reine Wahrnehmung, ist uns der eigentliche Begriff bewusst. Die Bewusstmachung des Begriffs erfordert einen absichtlichen Denkakt.

Übung 4 –
Begriffe denken

1. Stellen Sie sich einen alltäglichen, nicht zu komplexen Gebrauchsgegenstand vor.

2. Versuchen Sie dessen Begriff zu fassen: Wodurch wird er das, was er ist? Was muss auf jeden Fall sein, damit etwas dem Begriff entspricht? Unterscheiden Sie das Wesentliche vom Unwesentlichen, Zufälligen, Besonderen. Was ist wesentlich? Versuchen Sie, eine Definition zu formulieren.

3. Protokollieren Sie Ihren Gedankenverlauf. Wie sind Sie vorgegangen? Wodurch wurden Sie abgelenkt?

4. Versuchen Sie zu erfassen, wie die unentbehrliche Selbstführung bei dieser Übung stattfindet. Wie, an was orientieren Sie sich?

Variation:

Es ist besonders stimulierend, diese Übung mit einem Partner zu machen, der ebenfalls den Versuch der Begriffsfindung durchführt, um dann mit ihm auszutauschen, zu vergleichen, wie der Prozess abgelaufen ist, und zu diskutieren, was zum Begriff gehört und was nicht.

Bei dieser Übung wird schnell deutlich, dass ein Tisch weder vier Beine noch eine rechteckige Oberfläche haben muss, er kann zum Beispiel rund oder oval usw. sein und drei Beine, ja nur ein Bein oder sogar überhaupt keins haben. Irgendeine Form muss er natürlich haben - Tische ohne Form sind undenkbar -, aber welche? Wie groß muss oder kann er sein? Das wird davon abhängen, wofür er gebraucht wird und wo er hinkommt bzw. was der Hersteller im Kopf gehabt hat. Aus welchem Material sind Tische gebaut? Bei vielen stellt sich immer noch als erstes Holz ein, aber direkt danach korrigieren wir uns und sagen: es kann auch Metall sein, oder irgendein Kunststoff, Hauptsache stabil genug, um bei Belastung seine Form zu behalten und etwas tragen zu können, das darauf gestellt wird. Wieder kommen wir auf den Gebrauchszweck, die Funktion. Ein geeignetes Material muss in die entsprechende funktionale Form gebracht sein, um von einem Tisch reden zu können. Die Funktion liegt vor allem darin, das etwas gebrauchsbereit abgestellt oder abgelegt werden kann.

In aller Regel können wir uns darüber verständigen, wenn wir geistig gesund sind. Diese Verständigungsfähigkeit ist sogar ein wesentliches Kriterium unserer geistig-seelischen Gesundheit. Im Alltag geben wir uns oft zufrieden mit dem Funktionieren unserer Vorstellungen: Wir glauben zu wissen, was gemeint ist. Aber wir verständigen uns mit Worten, die bei jedem Vorstellungen auslösen, die von seinen Erfahrungen geprägt und emotional gefärbt sind. „Tische" rufen bei mir schnell die Erinnerung wach an meinen Onkel, der Schreiner war und Tische baute; und dann „sehe" ich, wie wir sonntagnachmittags bei ihm um den Kaffeetisch saßen; es war ein ganz besonderer Tisch, ihn zu beschreiben würde viele Einzelheiten umfassen, die für den Begriff des Tisches unwesentlich sind. Und die Sprache legt mir nahe, verschiedene „Tische" zu unterscheiden: Esstisch, Salontisch, Schreibtisch, OP-Tisch, Tischtennistisch usw. Inwiefern sind das alles Tische und inwiefern greift die Sprache Elemente auf, die in einer uneigentlichen Bedeutung benutzt werden? Was geschieht, wenn wir eine Decke auf dem Boden ausbreiten, um im Freien zu frühstücken? Machen wir aus der Decke einen Tisch oder fehlt uns ein Tisch ganz und gar? Im Niederländischen heißt „Tisch" „Tafel" - was im Deutschen wieder etwas anderes bedeutet. Gibt es da Zusammenhänge? Oder drängt mir die Sprache gelegentlich Überlegungen auf, die sich nicht aus der Sache selbst ergeben, die für eine begriffliche Unterscheidung irrelevant sind? Was sind „Tischmanieren"? Um wieviele Ecken wird dabei gedacht? Wenn wir über etwas reden, reden wir dann wirklich über dasselbe oder über das Wesentliche? Ist uns klar, was die Einzelnen dabei im Bewusstsein haben? Der Begriff, die Idee einer Sache ist weder mit dem Wort, noch mit der Vorstellung oder mit dem, was in einer bestimmten Form wahrnehmlich gegeben ist, identisch. Die Idee ist nicht abstrakt im Sinne einer schematischen Vorstellung, sondern auf ihre Weise konkret und reichhaltig. Sie ist die Quelle, aus der unendlich viele Formen des Betreffenden gezeugt werden können, ein Kreativitätsbrunnen, aus dem u.a. Künstler und Designer schöpfen. Jeder Begriff hat Zukunftsformen in sich. Ihn zu erfahren, das heißt in sich hervorzubringen, bedeutet, das zu erfahren, was hier mit Logos gemeint ist.

Dazu müssen wir keine Philosophen sein. Auf unsere Weise sind wir es schon, weil wir am Logos teilhaben. Der griechische Philosoph Aristoteles, einer der ersten, die bewusst das Denken beobachtet haben, hat vier Ursachen unterschieden, in denen wir unsere Gedanken bei der vierten Übung problemlos wiedererkennen können: Zielursache, Formursache, Stoffursache und Wirkungsursache.

Der Begriff ist das Ursprüngliche einer Sache, und das ist bei einem Gebrauchsgegenstand nun mal vor allem das Ziel, der Zweck oder die Funktion, die ein menschliches Bedürfnis erfüllen müssen: Wozu ein Material (der Stoff, das Was) so bearbeitet werden muss (Wirkung, Herstellung, das Wodurch), dass es eine brauchbare Form (das Wie) bekommt. Entscheidend ist, dass diese vier Aspekte in einem bestimmten *Zusammenhang* untereinander stehen. Das Material muss sich, wie die

Form und die Herstellung auch, an der Funktion orientieren. Aber Form und Material bedingen sich noch gegenseitig, so wie die Herstellung sich wieder nach dem vorhandenen Material richten muss etc. Der Begriff eines Gebrauchsgegenstands ist nichts anderes als der Zusammenhang dieser vier Ursachen - auf den Menschen als Bedürfnis- und Fähigkeitswesen bezogen.

Ist es nicht erstaunlich, dass jeder denkende Mensch diesen Logos in sich hat und sich unbewusst an ihm orientiert? Nicht jeder wird es sich auf diese Weise bewusst machen können oder wollen; das ist auch nicht nötig, Denken ist eine Tätigkeit, wie ein inneres Tun. Mit den Händen eine horizontale Fläche andeuten, die sich über dem Boden befindet, wird dem Begriff „Tisch" erstaunlich gut gerecht, wenn die Geste als Ausdruck eines Bedürfnisses und als Handlungsanweisung verstanden wird, etwas Derartiges herzustellen.

Das „Dia-logische" kann auch mit wenigen Worten auskommen, wenn es sein muss.

An der Tätigkeit im Denken kann man am direktesten erleben, was Selbstführung heißt und dass sie mitsamt ihren immanenten Kriterien im Wesen des Menschen beschlossen liegt. Es empfiehlt sich, sie immer wieder dort aufzusuchen. Dann kann man sie auch leicht verfolgen im freien Richten der Aufmerksamkeit, heute gerne *Aufmerksamkeitskontrolle* genannt, im absichtlichen Erzeugen von Phantasievorstellungen und in dem gezielten Aufsuchen von Wahrnehmungssituationen, die auf das eigene Gemüt, die Motivation und die Gedanken zurückwirken. Diese Rückwirkung kann bis zu einem gewissen Ausmaß bewusst vorgenommen werden. In dem Sinne ist der Mensch das sich selbst hervorbringende Wesen.

Kapitel 4 -
Initiative ergreifen - Konsequent handeln

Für denjenigen, der das Denken als inneres Tun erlebt hat, ist der Übergang zum (äußeren) Handeln weniger groß als es sonst den Anschein hat. Er kennt bereits die *Initiative*, die es braucht, um ins wirkliche Denken bzw. Tun zu kommen, die *Konsequenz*, um beim Gedankengang zu bleiben und ihn inneren und äußeren Ablenkungen und Widerständen zum Trotz zu Ende zu führen; und die Notwendigkeit, *sachlich* (dem Wesen der Sache, aber auch der konkreten Situation gemäß) zu denken.

Zuerst zum Letzteren: Wir können Fragen bis ins Endlose stellen, bezogen auf die aktuelle Ausgangsfrage ist immer eine bestimmte Antwort die (zunächst) befriedigende. In der Übung des Gebrauchsgegenstands konnten wir - vielleicht konkreter noch - die Spannung erleben zwischen der Allgemeinheit der Begriffsquelle, die unendlich viele potentielle Formen in sich trägt, und der Besonderheit der Form, die die Idee einem bestimmt situierten Bedürfnis entsprechend annimmt. Diese Spannung ist dem menschlichen Denken inhärent; sie tritt beim Handeln wieder auf. Wir können ein Ziel vor Augen haben, das einen allgemein-ideellen Charakter hat und insofern auf unterschiedlichsten Wegen erreicht werden kann; um Wirklichkeit zu werden, wird es immer eine bestimmte Form annehmen müssen, der räumlich-zeitlichen und sozialen Situation gemäß.

Deswegen ist es wichtig, auch wegen des Handelns, Selbstführung im Denken (Übung 4) zu üben: die Handlungsziele nicht nur in fixierter Vorstellungsform zu fassen, sondern in der flexiblen Begriffs- oder Ideenform. Sonst bin ich in der Gefahr, meinen Willen gewaltsam einer realen sozialen Situation aufzudrängen. Oder ich bin enttäuscht, wenn es nicht so kommt, wie ich es mir vorgestellt habe, während ich vielleicht

Grund hätte, mich darüber zu freuen, dass es - auch im Sinne meiner eigentlichen Ziele - anders oder gar besser gekommen ist. Hier liegt auch die Begrenzung eines planenden Verhaltens, das sich von der kreativen Quelle abkoppelt und nicht individuell und situativ antwortfähig ist.

Dazu gehört ein Zweites: die Idee innerlich bereitzuhalten während der ganzen Dauer der Operation. Wenige menschliche Handlungen von Bedeutung sind in einem Augenblick fertig. Schnelle Entscheidungen mögen gefragt sein, wie auch augenblickliche Initiativen, bis zum Erreichen des Ziels verläuft oft viel Zeit, ein langer Weg muss gegangen werden, der aus verschiedenen Etappen besteht. Es gibt auch einen „langen" Willen. Wie beim Verfolgen eines Gedankens gibt es bei der Aus- und Durchführung eines Handlungsablaufs mannigfache Ablenkungen und Widerstände von außen und von innen. Wer kennt nicht die inneren Stimmen: „Ich muss noch dies und das ..." oder „Ich möchte noch dies oder das ...", die uns davon abzuhalten drohen, das zu tun, was wir wirklich wollen. Eine menschliche Handlung ist ideen- oder logosgeleitet, der Weg der Verwirklichung der Idee in Raum und Zeit erfordert Zusammenhänglichkeit. Diese ist eine Aufgabe der dia-logischen Selbstführung. Die entsprechende, zu übende Fähigkeit ist ausdauernde Konsequenz.

So auch das Erste, die Initiative: sie muss dem eigenen Ich entspringen. Sonst müssen wir warten, bis jemand uns den Befehl gibt oder uns dazu nötigt. Auch die Initiativhandlung will und kann geübt werden.

Übung 5 -
Initiativhandlung

1. Nehmen Sie sich vor, eine bestimmte, einfache Handlung zu einer bestimmten Tageszeit
   durchzuführen. Es soll eine Handlung sein,
   die Sie sonst sicher nicht vollzogen hätten,
   wozu es auch keine inneren oder äußeren Motive gibt - außer dem Motiv der Fähigkeitsbildung selbst. Der Zeitpunkt soll natürlich
   möglichst so gewählt sein, dass die Handlung
   dann auch ausführbar ist. Nehmen Sie sich
   beispielsweise nicht vor, ein Gedicht zu re-
   zitieren, wenn Sie sich dann möglicherweise
   in einer Besprechung befinden werden, wo Sie
   es nicht möchten oder können.

2. Führen Sie die Handlung zu diesem Zeitpunkt aufmerksam durch. Achten Sie auf Ihre
   Selbstempfindung dabei: kommen Sie sich ver-
   rückt vor oder spüren Sie Ihre „Selbst-
   kraft"?

3. Wiederholen Sie das während einer von Ihnen
   selbst bestimmten Periode jeden Tag. Achten
   Sie darauf, was Ihnen die Durchführung er-
   leichtert oder erschwert.

Variationen:

Sie können die Handlung regelmäßig wechseln,
Sie können eine Handlung so lange wiederholen,
bis Sie Ihnen zu einer neuen Gewohnheit geworden ist. So weit kann unsere Selbstführung sich
auswirken: bis zum Erwerb neuer Gewohnheiten!
Wenn eine neue Gewohnheit gebildet ist, hört der
Übungswert dieser Handlung natürlich auf. Wählen
Sie eine andere, wenn Sie diese Form des Übens
fortsetzen möchten.

„Menschen sind sehr gut darin,

Nein zu sagen, wenn sie wollen.

Eine Zivilisation aufzubauen bedeutet,

auf Dinge zu verzichten,

weil uns andere Dinge mehr wert sind."

Jonathan Safran Foer[31]

Übung 6 –
Verzicht

1. Verzichten Sie gelegentlich (z.B. einmal am
   Tag) oder für eine selbst bestimmte Zeit
   auf die Erfüllung eines Handlungsimpulses,
   der aus Neigung entspringt, wenn das keinen
   Schaden für Sie oder andere bringt.

2. Achten Sie auf Ihre Selbstempfindung dabei.
   Notieren Sie evt. Beobachtungen, die Sie dabei machen.

Variation:

Wählen Sie eine bestimmte Gewohnheitshandlung
aus und widerstehen Sie der Neigung, sie so wie
immer auszuführen, machen Sie es auf ungewohnte
Weise (z.B. mit der anderen Hand).

Entscheidungsfindung

Dem menschlichen Handeln geht in der Regel eine Entscheidung voran. Selbstführung impliziert eine möglichst bewusste, eigene Entscheidung. Manchmal müssen Entscheidungen blitzschnell getroffen werden, weil sonst eine Gelegenheit verpasst wird, die sich nicht wiederholt. Von Entscheidungen sprechen wir eigentlich nur dann, wenn es mehrere Alternativen gibt. Allerdings gibt es auch in zwanghaften oder unvermeidlichen Situationen immer die Wahl, was unsere Haltung diesen gegenüber betrifft: innere Bejahung oder Verneinung, die Art unseres Ausdrucksverhaltens in diesen Situationen. Leider war das Zwanzigste Jahrhundert sehr lehrreich in dieser Hinsicht, wie wir am Beispiel von Viktor Frankl schon sahen.

Glücklicherweise sind die meisten von uns nicht in einer Lage, die uns nur die Alternativen unserer Einstellung zu dem Unvermeidlichen lässt. Schwächere Abschattungen davon ergeben sich jedoch fast in jeder Biografie, wenn es um sogenannte Schicksalsschläge oder schmerzhafte, aber unausweichliche Entscheidungen geht. Auch dann ist es ein wichtiger Unterschied, ob wir hadern oder unsere Kräfte sammeln. Im ersten Fall sind wir nicht nur unglücklicher - was auch die anderen abkriegen -, wir vergeuden Energie, die wir positiver einsetzen könnten.

Ob jemand sich selbst führt, ist kaum an der äußeren Handlung zu beurteilen. Es kommt darauf an, wie die Entscheidung innerlich getroffen wurde, ob eine innere Bejahung dessen, was der Betreffende macht - und wie er es macht -, stattfindet.

Alltäglicher im Leben und in der Arbeit sind Situationen, in denen wir die Zeit haben (und die Ruhe haben könnten), uns verschiedene Zukunftsvarianten vorzustellen, diese gründlich durchzuspielen und abzuwägen, bevor wir uns entscheiden. In diesem Zusammenhang gibt es durchaus etwas, das sich mit Vorurteilen vergleichen lässt: eine Art von Vorentscheidungen, die sich aus Vorliebe ergeben. Diese kann wieder aus

Erfahrung stammen, was mal gut ging, uns gefallen hat, sich mehrfach bewährt hat, oder aus der Erwartung (in die Zukunft projizierter Erfahrung), dies oder das würde uns am besten gefallen, am einfachsten gehen oder die erwünschten Ergebnisse und Erfolge bringen. Hier liegt wiederum eine Möglichkeit der Stärkung der Selbstführungsfähigkeit: die Neigung zu solchen Vorentscheidungen zügeln zu lernen, um tiefer in der Sache oder in der Handlungskonstellation begründeten Entscheidungen eine Chance zu geben.

Übung 7 –
Handlungsalternativen

1. Wählen Sie eine Fragestellung aus, die die Ge-
    staltung Ihrer Zukunft betrifft. Es muss nicht
    unbedingt ein Problem sein, das der Lösung
    harrt; oft ist es interessanter, den Problemen
    zuvor zu kommen, rechtzeitig, wenn man noch Ge-
    staltungsfreiräume hat und seinen eigenen Werten
    folgen kann, sich zu fragen, wie man Aspekten
    seiner Zukunft Form geben möchte. Es kann Ihre
    Lebens- oder Ihre Arbeitssituation betreffen; an
    beiden können andere Menschen teilhaben.

2. Entwerfen Sie mindestens zwei, besser noch drei
    alternative Zukunftsszenarien, die sich nicht
    erst technisch, sondern in der grundsätzlichen,
    ideellen Ausrichtung voneinander unterscheiden.
    Stellen Sie sich ihre Verwirklichung möglichst
    konkret vor.

3. Beurteilen Sie alle Alternativen gleichermaßen
    nach ihren Vor- und Nachteilen, Plus- und Mi-
    nuspunkten, und notieren Sie diese möglichst in
    der Reihenfolge ihrer Wichtigkeit für Sie.

4. Entscheiden Sie nicht, sondern lassen die Sache
    ruhen.

5. Wiederholen Sie an einem der nächsten Tage
    diese innere Besinnung (Vorstellen der Alter-
    nativen mit Pro und Kontra), achten Sie beson-
    ders auf eventuelle neue Gedanken und Gefühle
    und ergänzen oder verändern Sie die Ergebnisse,
    wenn nötig.

6. Wiederholen Sie das so lange, bis Sie die Emp-
    findung haben, eine Entscheidung sei „reif" ge-
    worden.

7. Entscheiden Sie sich für die Alternative, die
    Ihnen nach dieser Zeit die beste dünkt, wenn
    Sie sich bereit und stark genug fühlen, die
    Entscheidung tatsächlich umzusetzen. Es ist
    wichtig, keine bewussten Entscheidungen ohne
    Handlungskonsequenzen zu lassen.

Gibt es selbstbestimmtes Handeln überhaupt?

Das Bewusstsein für die Möglichkeit der Selbstführung im Handeln wird oft getrübt durch die Motivfrage. Wenn Seminarteilnehmer Beispiele von selbstbestimmtem Handeln geben sollen und sich dann gegenseitig kritisch befragen, stehen sie am Ende nicht selten mit leeren Händen da, weil es anscheinend für jede Beispielhandlung einen *Grund* gibt, entweder von außen (Gesellschaft, Mitmenschen, Sachzwänge) oder von innen (Bedürfnisse, Wünsche, möglicherweise auch unbewusste). Am längsten hält das Singen unter der Dusche oder so etwas ähnlich Schönes, aber Marginales stand, weil man das wirklich tut, weil man es *selbst* will oder einfach Lust darauf hat. Das ist insofern problematisch, weil das den Eindruck weckt, dass wir bei der Selbstführung über etwas reden, das für den Ernst des Lebens und vor allem die Arbeitswelt keine Bedeutung hat.

Mehrere Dinge sind hier anzumerken. Zunächst bringt dies einen merkwürdig unreflektierten Freiheitsbegriff ans Licht: Freiheit als Abwesenheit von Handlungsgründen. - Handeln ohne Grund wäre ein erstrebenswertes Ideal? Wäre das nicht eine sinnlose Tat? Hieße das nicht, etwas zu wollen, ohne es zu wollen, weil Wollen doch bedeutet, das man eine Kraft in sich spürt, die auf das Erreichen eines Ziels drängt? Sogar in Übung 5, die gelegentlich als die der „sinnlosen Handlung" bezeichnet wird, gibt es das Motiv der Selbstbefähigung. Wer das Bedürfnis kennt, endlich mal etwas durch und durch Sinnloses zu verrichten, um den gefühlten Zwangslagen der Existenz zu entkommen, weiß, dass er auch dann einen Grund hat, etwas „Sinnloses" zu tun. Auch der Dadaismus hat seine Gründe.

Wir entkommen also den „Gründen" nicht. Das ist auch nicht nötig. Selbstgeführtes Handeln ist nicht identisch mit grundlosem Tun. Es ist eine Frage des *Verhältnisses* zu den eigenen Gründen oder Motiven. Insofern diese unbewusst sind, kann man nicht von Freiheit reden, weil wir nicht wissen, was uns treibt, allenfalls werden wir gewahr, *dass* uns etwas treibt. Selbstführung wird möglich, wenn Bewusstsein der eigenen Gründe auftritt, und kann sich steigern in dem Maße, wie das Bewusstsein wächst. Die Bemühung darum, seine Motive zu erkennen, ist somit ein wichtiges Element der Selbstführung. Dann ist es gar nicht mehr entscheidend, ob das Motiv von außen oder von innen, von anderen oder von mir selbst kommt, mehr oder weniger Wahlfreiheit lässt usw., Hauptsache ich weiß darum und bejahe es innerlich. Vielleicht sehe ich selbst ein, dass die Empfehlung eines anderen vernünftiger ist als das, worauf ich Lust hätte - wie Achilleus der Athena gegenüber. Selbstführung ist in diesem Sinne immer eine relative, aber steigerbare Sache.

Zweitens geht bei dieser Art der Suche nach dem „selbst-bestimmten" Beispiel die innere Vielfältigkeit, die Unterscheidung, ja das „Gefälle" des Selbstführungs-Ich (des inneren Beobachters und Dirigenten) gegenüber anderen Instanzen der Persönlichkeit verloren. Das Ich identifiziert sich mit sich selbst und fragt nicht, wer es jeweils ist. Wer ist es, der im Bad singt, weil er glaubt, niemand höre ihn? Wer, der damit abrupt aufhört, wenn er Geräusche im Nebenzimmer hört? Oder wer beschließt, einfach weiter zu singen, trotz Zuhörer - mögen sie denken, was sie wollen? Oder tatsächlich aufzuhören - aus Rücksicht auf die Ohren des anderen? Wie kommen solche Entscheidungen zustande? Umgekehrt bin ich nicht einfach deswegen unfrei oder fremdbestimmt, wenn ich das Ziel eines anderen Menschen übernehme, wenn ich es bejahen kann. Wer ist die Urteils- und Entscheidungsinstanz in mir? Nicht alles, was ich tue, weil es mir gefällt oder Spaß macht, würde ich ohne weiteres als selbstbestimmt bezeichnen wollen. Ist möglicherweise nicht das, was ich aus dem Einblick in die größeren Zusammenhänge oder die Bedürfnisse eines anderen tue, mehr selbstgeführt als das, was mir momentan Spaß macht? - Der Schluss, dass Selbstführung hieße, seine eigenen Bedürfnisse an die zweite Stelle zu setzen, wäre aber ebenfalls voreilig. Auch die klare Entscheidung, etwas zu machen, das allen Erwartungen an mich widerspricht, kann eine intensive Erfahrung der Selbstführung bewirken. Wer diese Erfahrung nicht kennt, sollte seine „Opfergesinnung" kritisch hinterfragen.

Hier ist eine weitere Unterscheidung hilfreich, die sprachlich nicht immer konsequent oder verbindlich gehandhabt wird, nämlich die zwischen einem mehr gedanklichen und einem mehr willensmäßigen, kraftartigen Aspekt. Motivation meint meistens das Vorhandensein bestimmter Triebe, Wünsche, Bedürfnisse, die die Kraft zum In-Bewegung-Kommen und Handeln liefern (erstes Element des Führungsbegriffs bei Grimm). Die Bezeichnung *Motiv* kann man also in diesem Sinne benutzen, z.B. als Machtmotiv, soziales Motiv, Leistungsmotiv. Wir sahen aber bereits, dass menschliche Handlungen ideen- oder vorstellungsgeleitet sind: wir schlagen nicht wild um uns oder rennen blind in der Gegend herum, sondern streben die Richtung bestimmter *Ziele* an (zweites Element bei Grimm). Die mögen mehr oder weniger unklar, verwirrt oder widersprüchlich sein, aber es gibt sie. Im Vergleich zu den Motiven sind sie mehr punktuell und situativ bestimmt. Das Motiv, Anerkennung zu finden zum Beispiel, ist tief und kontinuierlich vorhanden, das Ziel, bei einem bestimmten Menschen einen guten Eindruck zu machen, ist vor allem in bestimmten Situationen akut; danach prägt es mein Handeln nicht länger; es wird sich aber wieder in neuen Zielen konkretisieren, je nach Lage der Dinge. Umgekehrt werden wir in vielen Situationen mit Anforderungen, Erwartungen, Ideen und Vorstellungen konfrontiert, die für uns den Charakter von Zielen bekommen, die Form und Richtung unseres Handelns bestimmen oder zumindest mit beeinflussen; das tun sie umso effektiver, als sie unsere Motive (Triebfeder) zu aktualisieren vermögen.

Für die Selbstführung hat dies folgende Relevanz: Je größer die Überlappung der gegebenen Ziele mit meinen Motiven ist, umso leichter wird es mir fallen, das entsprechende Handeln energisch und beharrlich zu vollziehen. Das bedeutet, dass Selbstführung nicht mit *Selbsterzeugung aus dem Nichts* identisch ist, ich habe es immer schon mit „mir selbst" im vorfindlichen Zustand zu tun, wie die Mutter es eben mit ihrem Kind zu tun hat, das sie nicht nach ihrem Wunschbild plastizieren kann und will, sondern seinem eigenen Wesen, seinen Anlagen gemäß erziehen wird. So ist ein wichtiger Aspekt der Selbstführung die Bemühung um *Selbsterkenntnis* und die *Selbstakzeptanz*. Nur was ich akzeptiere, wie eine Mutter ihr Kind, kann ich zum Guten verändern, das heißt ihm zu seinem zukünftigen, freieren Selbst verhelfen.[32]

Mythos Motivation - Vom Motivieren zum Manipulieren

Ziele, die nichts in mir berühren, werden mich nicht in Bewegung versetzen, ich werde mich selbst kaum für sie „motivieren" können - und auch ein anderer wird es nicht können, es sei denn, er (oder ich) schaffe es, eine künstliche Verbindung dieser Ziele mit Motiven herzustellen, die im Wesen mit ihnen nichts zu tun haben, aber vorhanden sind: zum Beispiel Geldgier oder Anerkennungsbedürfnis. Dann kann ich ein Arbeitsziel für einen Mitarbeiter mit Anreizen wie besonderen Honorierungen, Boni, Lob oder Beförderung attraktiv machen. Solche „Tricks" wirken, sind aber in sofern eine fragwürdige Sache, als sie die sachliche Transparenz trüben: man kann dabei leicht vergessen, worum es eigentlich geht. Es gibt heute leider gravierende Beispiele dafür, dass auf diesem Wege keineswegs in der Sache wünschenswerte Ergebnisse, ob in Bank- oder anderen Geschäften, garantiert sind. Aber auch die sozialen Verhältnisse werden getrübt: wer verfügt über die Sanktionen? Wie setzt er sie ein? Ist es wünschenswert, dass die Mitarbeiter durchschauen können, wie sie „bei der Stange"gehalten werden? Sollen sie glauben, sie wollen selbst, was eigentlich vom Management vorgegeben wird? Es ist klar, dass Motivierungsmaßnahmen leicht gegen die menschliche Würde im Sinne des ersten Kapitels verstoßen.[33]

Das ist aber nicht nur der Fall, wenn andere das mit mir machen, sondern auch wenn ich es mit mir selbst mache. Es fehlt mir nämlich an Klarheit darüber, wer ich wirklich bin, was ich eigentlich will, und warum. Hier droht Selbstführung sich in das Gestrüpp der *Selbstmanipulation* zu verirren. Das Feld des Selbstmanagement kann den Übergang bilden, die Grenzen sind fließend.

Frage: Haben Sie das Gefühl, wirklich Ihr eigenes Leben zu leben? Bejahen Sie die Ziele, die Sie in Leben und Arbeit verfolgen? Welche sind Ihre dominanten Motive (Triebfeder)? Wie verhalten sie sich zueinander?

Kreative Zielsetzung

Trotz allfälliger Relativierung der Selbstführung und Selbsterzeugung im „Alltagsgeschäft" muss auf einen Grenzfall hingewiesen werden, auf ein Ideal, das zum realen Entwicklungsfaktor werden kann. Es ist die Rede von der Möglichkeit, Handlungsziele nicht einfach außen oder innen vorzufinden und zu bejahen, sondern welche selbst zu erzeugen, sie so zu erzeugen, dass die entsprechende Motivation, sie anzustreben, in diesem Moment miterzeugt wird. Wer diese Möglichkeit ernst nimmt, muss sich entweder von Motivationstheorien verabschieden oder auch ein Motiv im Menschen anerkennen, das neben Macht, Leistung und sozialem Anschluss existiert, etwa Freiheit im Sinne von Schöpferisch-Sein, eine dritte Form der Freiheit neben der Freiheit von äußeren und inneren Zwängen. Sie ist vielleicht die eigentliche. Sie besteht darin, dass wir einer Situation gegenüber eine neue, vorher nicht dagewesene Idee als Handlungsimpuls hervorbringen.

Eine Thüringer Sage

Der eiserne Landgraf

Des Springers Sohn Ludwig erhielt von Kaiser Lothar den erblichen Rang und Namen eines Landgrafen von Thüringen, nachdem er Lothar wider Heinrich IV. beigestanden hatte.

Dieser erste Thüringer Landgraf aber wurde nicht alt, er regierte nur zehn Jahre, und so erbte sein ältester Sohn, wiederum Ludwig mit Namen, Herrschaft und alle Besitzungen. Von Kind an war er weichen Gemüts, verträumt und ohne die Härte seiner Vorfahren. Das nutzten die Adligen seines Landes aus, vergrößerten ihre Rechte, wo sie nur konnten, und verschärften besonders das Regiment gegenüber den Bauern und Handwerkern. Bald stöhnte ganz Thüringen unter dem harten Mutwillen der Ritter. So kam es, dass verständige Leute Ludwig einen Toren nannten. Das verbitterte Volk verwünschte ihn.

Um sich die Zeit zu vertreiben, zog Ludwig oft auf die Jagd. Als er einmal in den Wäldern bei Ruhla dem Wild nachstellte, überfiel ihn die Nacht. Er gelangte zu einer Waldschmiede, wo er um ein Nachtlager bat. Der Schmied fragte, wer er sei, und Ludwig antwortete: „Ich bin ein Jäger des Landgrafen." Als der Schmied den Namen des Landgrafen hörte, spuckte er aus und sagte: „Pfui über ihn! Wer seinen Namen ausspricht, sollte sich allemal den Mund danach ausspülen! Nun, führe dein Pferd in den Schuppen, wirf ihm Heu vor und suche auch dir dort ein Lager."

Ludwig tat, wie ihn der Schmied geheißen hatte. Der machte sich sogleich wieder an die Arbeit und hämmerte das Eisen; denn um seiner Familie das Leben zu erhalten, musste er auch in der Nacht fleißig sein. Bei jedem Hammerschlag verfluchte er den Landgrafen. „Du schmählicher Herr! Unseliger Herr!", wetterte der

Schmied, „was duldest du! Deine Vornehmen reden dir nach dem Munde! Hinterrücks bestehlen sie uns und auch dich! Werde hart, Landgraf, werde hart! Die Edeln mästen sich allein! Sie verprassen das, was wir schaffen! Und du schaust zu! Werde hart, Landgraf - oder fahre zur Hölle!"

Solche Reden führte der Schmied die ganze Nacht hindurch, und unzählige Freveltaten wider das Volk zählte er dabei auf. Ludwig lag wach in dem Schuppen und hörte Wort für Wort. Als er am Morgen für die Herberge dankte und davon ritt, war er ein anderer geworden. Er kümmerte sich um alles, was in Thüringen geschah, sah überall nach dem Rechten, milderte den Druck, der auf dem Volke lastete, und strafte widerspenstige Vasallen.

„Was der Verlust meiner Augen nicht
hatte bewirken können, bewirkte die Angst:
Sie machte mich blind.
Dieselbe Wirkung hatten Zorn und Ungeduld,
sie brachten alles in Verwirrung.
Eine Minute zuvor kannte ich noch genau den Platz,
den alle Gegenstände im Zimmer einnahmen,
doch wenn mich der Zorn überkam,
zürnten die Dinge mehr noch als ich;
sie verkrochen sich in ganz unerwartete Winkel,
verwirrten sich,
kippten um,
lallten wie Verrückte und blickten wild um sich.
Ich aber wusste nicht mehr, worauf meine Hand legen,
meinen Fuß setzen,
überall tat ich mir weh.
Dieser Mechanismus funktionierte so gut,
dass ich vorsichtig wurde."

Jacques Lusseyran[34]

Kapitel 5 -
Achtsam fühlen - sich stimmig ausdrücken

Mit unserem Gefühlsleben identifizieren wir uns in intensivster Weise. Das kommt gelegentlich in der Sprache zum Ausdruck: „Ich bin wütend!", „Ich bin verärgert!", „Ich bin traurig" oder „Ich freue mich!". Ich = x (wobei x das Gefühl ist) verbindet das Subjekt mit sich selbst als erleidendem Erlebnisgegenstand. Hier wird das Wort des Dichters Christian Morgenstern besonders treffend: „Man müsste sein Ich nicht immer mit sich identifizieren, sondern wie eine Mutter ihr Kind behandeln." Da eröffnet der Sprachmodus des „Habens" schon mehr Möglichkeiten. „Ich habe Angst" schafft eine innere Distanz zu einer Emotion, die uns in einem Würgegriff hält. Die bedrohliche Intensität dieses Würgegriffs würde aber zulassen, die Verhältnisse umzukehren: „Die Angst hat mich". Gerade in der Unmöglichkeit, sich von ihr zu befreien, versucht das Ich zumindest seine eigene, innere Identität - und damit prinzipiell mögliche Angstfreiheit - innerlich aufrecht zu erhalten. Damit verglichen klingt „Ich bin verängstigt" oder „Ich bin ein ängstlicher Typ" fast schon wieder harmlos. Mehr Selbstführungsmöglichkeiten liegen in Formulierungen beschlossen, die bewusste Wahrnehmung oder Aufmerksamkeit einschließen, wie etwa: „Ich fühle, wie die Angst in mir hochkriecht" oder „Ich spüre, wie meine Ungeduld zunimmt".

Morgensterns Erziehungsvergleich im Mutter-Kind-Verhältnis macht klar, dass der Verzicht auf Identifizierung nicht Vernachlässigung bedeutet. Nicht das parteiische „Mein Kind, schönes Kind" ist gemeint, aber auch nicht: „Du bist mein Kind nicht mehr!". Ich nehme mein Kind als mein Kind an, sogar liebevoll; ich fühle mich für es verantwortlich, ich möchte, dass es sich seinem Wesen gemäß entfalten kann, aber auch möglichst in Harmonie mit der Umgebung, in der es leben muss und arbeiten wird. Ich werde ihm Beachtung schenken, mich ihm zuwenden, ihm zuhören, seine Bedürfnisse erfüllen, möglichst günstige Entwicklungsbedingungen schaffen. Ich weiß aber auch, dass es nötig ist, Struktur und Grenzen anzubieten, gelegentlich sogar streng einzugreifen und Einhalt zu gebieten. Und ich weiß auch, dass ich loslassen lernen muss.

Diese Metapher bringt uns ein ganzes Stück weiter auf dem Weg im Umgang mit unseren Gefühlen, Stimmungen und Emotionen.

Was sind Emotionen?

In der Regel wissen wir im alltäglichen Sprachverständnis, was mit „Gefühlsleben" gemeint ist. Wenn wir es jedoch genauer unter die Lupe nehmen, zeigt sich, dass es kaum einen Konsens über die einschlägige Nomenklatur gibt. In psychologischen Veröffentlichungen wird „Emotion" häufig als übergreifender Terminus benutzt („Emotionspsychologie"). Diese Terminologie findet sich meistens im Zusammenhang mit einer „Syndromdefinition" der Emotion. Ein Syndrom ist - wie bei einer Krankheit - ein Komplex von „Symptomen". Im Fall einer „Emotion" heißt das, dass man diverse Aspekte unterscheiden kann, die in wechselnder Zusammenstellung und Intensität Teil der Emotion sein können. Das, was wir seelisch empfinden, ist einer davon: ein subjektiver Erlebniszustand mit einer bestimmten Qualität wie Freude, Sorge, Hoffnung, Trauer, Dankbarkeit etc. Das wird dann häufig als „*Gefühl*" im engeren Sinne bezeichnet.

Das Gefühl ist häufig (aber nicht immer) von *körperlichen Erscheinungen* begleitet, die selbst wieder wahrgenommen werden können (oder auch nicht). Der menschliche Leib kann von außen („objektiv") und von innen („subjektiv") wahrgenommen werden: durch die Augen (oder Messgeräte) eines Anatoms, (Neuro-)Physiologen oder Arztes (z.B. Hormonausschüttung, Blutdruck) oder „von innen" als Selbstwahrnehmung des leiblichen Subjekts (Kloß im Hals, Herzklopfen, kalt oder heiß werden). Diese letztere ist häufig schwer vom seelischen Gefühl zu unterscheiden. Manche Gefühle lassen sich auch sehr gut mittels leiblich-räumlicher Verhältnisse beschreiben: weitend oder einengend, leicht oder schwer, erhebend oder bedrückend, angespannt, entspannt usw.

Ein weiteres Element dieses Verständnisses von Emotion ist ein *kognitiver Inhalt*, ein Gedankliches. Menschliche Gefühle gehen in der Regel mit einer bestimmten Einschätzung der auslösenden Situation einher, oder mit Erinnerungen an frühere Erlebnisse, mit Erwartungen usw. Wenn ich mich fürchte, schätze ich etwas als gefährlich ein und bin nicht sicher, ob ich das, was mich bedroht, abwehren kann. Sorge erlebe ich, wenn ich Unangenehmes in der Zukunft erwarte; wenn ich glaube, es wird eher angenehm werden, bekomme ich Hoffnung oder, wenn es sehr wahrscheinlich wird, sogar Vorfreude. Wütend bin ich auf den, von dem ich annehme, dass er verantwortlich ist für das, was mir äußerst unerwünscht ist; wenn ich höre, dass er nichts dafür konnte, habe ich ein Problem, denn ich weiß nicht wohin mit meiner Wut; oder ich beruhige mich und trauere über das unerwünschte Ereignis. Oder wenn ich Chancen sehe, es wiedergutzumachen, trete ich selbst beherzt in Aktion. Geringfügige Änderungen in der verfügbaren Information oder eingenommenen Perspektive können meinen Gefühlszustand erheblich beeinflussen.

Dann werden häufig noch *Ausdruck* und gar eine *Handlungstendenz* mit Emotion verbunden. Im Wort „E-motion" steckt das Wort „movere" - „bewegen". Jede Gemütsbewegung geht leicht über die leibliche Komponente in die äußere Bewegung über. Freude kann mich dazu veranlassen, zu singen und zu tanzen; mindestens meine Mimik, mein Lächeln oder Strahlen verraten mein Gefühl. Ungeduld lässt mich zappeln oder hin und her rennen. Gefühle können mich aber auch dazu bewegen oder „motivieren", eine zielgerichtete Handlung auszuführen, wie das Organisieren eines Festes mit meinen besten Freunden oder das Beschleunigen eines bestimmten Ablaufs durch eine entsprechende Initiative. Emotionaler Ausdruck und zielorientiertes Handeln sind klar zu unterscheiden. Nicht jedes Gefühl drängt zum Handeln (z.B. ästhetischer Genuss beim Betrachten eines Gemäldes oder das Staunen darüber, dass die Natur zu dieser Jahreszeit schon so weit fortgeschritten ist), und der Handlungsablauf, in dem ich mich befinde, lässt möglicherweise keinen Raum für eine emotionsgetriebene Aktion, vielleicht nicht einmal für einen angemessenen Gefühlsausdruck. Wir merken, dass Emotionen komplexe Sachverhalte sind, in denen vieles, was sich in uns abspielt, zusammenfließt. Insofern stellen sie die Selbstführung vor schwierige Aufgaben, die nur zu bewältigen sind, wenn wir die Teilfähigkeiten der kognitiven und volitiven Selbstführung bereits in die Wege geleitet haben. Beginnen wir mit dem Gefühl im engeren Sinne, unserem subjektiven Erleben.

Achtsamkeit

Die Bemühungen, unsere Gedanken bewusst zu führen, bringen uns in ein Verhältnis zu unserem eigenen Innenleben, das sich von dem früheren immer mehr unterscheidet. Wir gewinnen zunehmend Abstand, stehen ihm gegenüber, während wir früher eben mehr mit ihm identifiziert waren; wir waren erlebend mit ihm eins, empfanden uns in ihm, unser Ich-Gefühl war nur eine begleitende, kaum von ihm zu unterscheidende Nuance unseres Innenlebens. Jetzt beobachten wir mehr, was in uns stattfindet, nehmen es als Ausgangspunkt eines Urteils- und Erkenntnisvorgangs, der nicht nur die Innen-, sondern auch die Außenwelt umfasst. Was ich denke, fühle und will, ist „nur" eine Seite des Ganzen, in der ich mich befinde und handle; die andere Seite ist die Situation, die mir von außen gegeben ist und zu der wesentlich auch andere Menschen gehören. Ich fühle mich den beiden Seiten gegenüber, ja vielleicht komme ich sogar einmal in die Lage, dass sich mein „Ich-Gefühl" mehr auf der Seite der „äußeren" als auf der Seite der inneren Situation befindet. Zum Beispiel wenn ich glaube, meine schlechte Laune oder Müdigkeit zurückstellen zu müssen, weil jetzt etwas sehr Wichtiges für eine Menschengemeinschaft auf dem Spiel steht und mit von meinem Einsatz abhängt.

Wir können es noch anders ausdrücken: die Kraft unserer Aufmerksamkeit steht uns mehr als früher zur Verfügung; ich kann sie wenden, wohin ich will, mal auf mich, mal nach außen, vielleicht nach Bedarf hin und her pendelnd. In Arbeitssituationen sind wir meistens stark nach außen gerichtet: wir denken über Aufgaben nach, die uns gestellt sind, versuchen sie möglichst erfolgreich zu bewältigen. Unser Gefühlsleben bekommt dabei relativ wenig Aufmerksamkeit. Höchstens wenn es ein Störfaktor zu werden droht, wenden wir uns ihm zu, aber dann häufig wie zu einem Kind, das einem hinderlich wird: „Hau ab! Lass mich in Ruhe! Ich kann dich jetzt nicht gebrauchen." So zum Beispiel, wenn wir mit einem Kunden zu tun haben, der uns allmählich „auf den Wecker geht", wir werden ungeduldig oder sind verärgert. Das generelle Vernachlässigen oder gezielte Zurückdrängen und Beschneiden unseres Gefühlslebens im Dienst wirtschaftlicher Zwecke kann uns aber übel aufstoßen. Die innerseelischen Lebensvorgänge können verkümmern. Das führt über kurz oder lang in gesundheitliche Probleme, die als Konzentrationsmangel, Reizbarkeit und Unentschlossenheit (z.B. in Form der „inneren Kündigung") beginnen und über psychosomatische Beschwerden in richtige Krankheiten münden können.

Die gezielte Aufmerksamkeit auf die inneren Vorgänge, Gedanken, Gefühle, Neigungen und Wünsche gibt uns die Gelegenheit, sich anbahnende Schwierigkeiten frühzeitig zu bemerken und ihnen entgegenzusteuern. Heute nennt man diese Form der Selbstaufmerksamkeit „Achtsamkeit" und versteht darunter die Fähigkeit, die eigenen inneren Zustände und Prozesse quasi kontinuierlich ausreichend wahrzunehmen. Daniel Goleman sagt dazu: *„Im besten Fall ermöglicht Achtsamkeit gerade ein solches gleichmütiges Wahrnehmen leidenschaftlicher oder stürmischer Gefühle. Mindestens äußert sie sich in einem gewissen Heraustreten aus dem Erleben, einem paral-*

lelen Bewusstseinsstrom, der 'meta` ist - also über oder neben dem Hauptstrom schwebt - und das Geschehen wahrnimmt, statt darin eingetaucht und verloren zu sein." Das, was diese Meta-Position einnimmt, nennt Goleman das *„beobachtende Ich"*; es ist offenbar nicht identisch mit dem Ich-Gefühl, das mit den eigenen Erlebnissen identifiziert ist. Er betont, dass es wie *„ein interessierter, aber unbeteiligter Zeuge"* auf den Bewusstseinsstrom schauen kann. Häufig können wir bemerken, dass wir allerdings nur mit einem anderen, konfligierenden Teil unserer Seele identifiziert sind und dann bestimmte Erlebnisse bewerten oder gar verurteilen; wir möchten zum Beispiel keinen Ärger oder keine Angst haben und versuchen diese zu unterdrücken. Das kann zu einem Automatismus werden, der die Fähigkeit der Achtsamkeit und damit der Selbstführung empfindlich schwächt.

Gefühle sind zunächst als solche Wahrnehmungen; Wahrnehmungen, die sich auf uns selbst beziehen, die seelische Reaktionen offenbaren, die uns durchaus etwas zu erzählen haben über unser Verhältnis zu dem, worauf wir emotional reagieren. Sie sind Ausgangspunkt für Selbsterkenntnis. In Bezug auf die Außenwelt wären wir schlecht beraten, wenn uns gesagt würde, wir sollten die Augen schließen vor dem, was uns unangenehm ist oder uns sonstwie nicht in den Kram passt. In Bezug auf uns selbst ist es ebenso. Ich kann nur vernünftig mit demjenigen umgehen, das ich zur Kenntnis zu nehmen bereit bin.

Wenn es ein Wert ist, authentisch, echt zu sein, muss ich „wissen", wie ich mich wirklich fühle. Das ist weniger einfach, als es zu sein scheint. Schließlich haben wir viele Gründe, uns nicht einzugestehen, was wir fühlen; Gefühle können bedrohlich, schmerzhaft oder inopportun sein. Aber abgesehen davon, dass es unsere Gefühle sind, kann immer noch gefragt werden, ob sie denn in einem angemessenen Verhältnis zu ihrem Anlass stehen. Wir empfinden unsere Gefühle manchmal selbst als qualitativ oder quantitativ unangemessen. Qualitativ, wenn wir zum Beispiel Freude haben an etwas Bedauerlichem; das macht Schadenfreude zu etwas Fragwürdigem, obgleich nachvollziehbar und nicht unbedingt irrational. Quantitativ, wenn die Intensität oder die Dauer der Emotion nicht im richtigen Verhältnis zum Anlass stehen, wenn ich Tränen über einen sentimentalen Film vergieße und womöglich tagelang nicht davon loskomme, obwohl es wenige hundert Kilometer entfernt ein schweres Erdbeben mit vielen Toten gegeben hat; das lässt mich aber nur sensationsgierig nach der Tageszeitung greifen. Sicher ist das Kriterium der *Angemessenheit* des Gefühlserlebens nicht einfach anzuwenden. Wir merken schnell, dass es je nach Person, Lebensgeschichte und Kultur ganz andere Urteile über die quantitative oder qualitative Angemessenheit von Emotionen geben kann. Wer im Fernsehen emotionale Äußerungen bei anderen Völkern sieht, kann sich dessen problemlos vergewissern. In unserem Gefühlsleben sind wir weniger individuell als wir zu glauben geneigt sind; wir sind in unseren emotionalen Reaktionen weitgehend Gruppenwesen. Sie sind auch Folge unserer Sozialisation. Man braucht sich nur daran zu erinnern, wie anders man im Vergleich zum Erwachsenenalter bestimmte Dinge als Kind erlebt hat. Die emotionale Selbsterkenntnis, zu der ich durch gesteigerte Achtsamkeit gelangen kann, ermöglicht mir, meine kollektiven Zugehörigkeiten zu beurteilen. Sie geben den Rahmen für meine ganz persönliche Empfindsamkeit ab. Wenn wir meinen, „authentisch" zu sein, sind wir vielleicht nur Repräsentanten unserer Familie oder Dorfgemeinschaft oder Berufsgruppe oder der Westeuropäer etc.

Unsere Selbsterkenntnis kann uns darüber hinaus in zwei Richtungen bereichern: die *kognitive* und die *motivationale*. Es lohnt sich, in diese zwei Richtungen weiter zu fragen. Ich kann fragen, was ein Gefühl mir verrät über implizite Urteile, Einschätzungen, Erwartungen, die ich in mir trage: Wie sind meine Gedanken, dass ich dies so fühle? Und ich kann fragen, was ich denn begehre, worauf ich aus bin. Ein einfaches Beispiel: ich freue mich auf die bevorstehende Begegnung mit einem Freund. Ich stelle mir vor, dass wir wieder schöne Gespräche haben werden, gemeinsame Spaziergänge machen; schließlich habe ich schon öfters Ähnliches erfahren, ich wäre enttäuscht, wenn es diesmal anders wäre. Und diese Erwartungen und Erinnerungen würden mich kalt lassen, wenn ich kein Bedürfnis nach menschlichem Kontakt, nach Freundschaft, ja nach diesem Menschen hätte. Dieselben Vorstellungen von Spaziergängen und schönen Gesprächen, aber mit einem anderen Menschen, würden mich lange nicht so sehr begeistern wie mit diesem. Mit anderen Worten, es wird mir klar, was er für mich bedeutet. (Auch auf dieser Ebene kann ich mich fragen, wie „individuell" ich in meinen Gedanken und Willensmotiven bin und inwiefern Produkt einer bestimmten Sozialisation.)

Es kann auch sein, dass beides noch nicht „ausgetragen" ist: dass in einem Gefühl eine Erkenntnis verborgen ist, für die ich noch nicht ganz aufgewacht bin, oder ein Wille, der noch schläft. Acht zu geben auf ein Gefühl des Unbehagens, kann mich aufmerksam darauf machen, dass etwas nicht stimmt - Was ist es, das nicht stimmt? Oder ein Gefühl der Unruhe weist auf etwas in mir hin, das in mir wirksam, aber noch nicht bewusst ergriffen ist - Was will denn werden? Was soll ich tun?

Sowohl im Leben wie in Arbeitssituationen können drohende Gefahren abgewehrt oder entscheidende Durchbrüche erzielt werden, wenn wir achtsam und fragend mit unseren Gefühlen umgehen. Sie enthalten wichtige Informationen über unser Verhältnis zur Welt und zur konkreten einzelnen Situation, in der wir uns befinden, und ein Kraftpotential, das uns erlaubt, zielführend zu handeln.

Unser Selbstverhältnis wird vielleicht an der einen oder anderen Stelle Anlass geben, auf das eigene Gefühlsleben Einfluss zu nehmen. Das kann man am ehesten über das Gedankenleben: Dadurch dass ich mich besinne auf die Bedeutung, die ich einem Auslöser von Gefühlsreaktionen gebe. Kann ich eine neue Perspektive auf die Sache gewinnen? Ist mein Urteil, meine Einschätzung Folge meiner Erziehung? Wie stehe ich selbst dazu? Das kann Anlass werden, einen weiteren Schritt in der eigenen Individualisierung zu machen. Andere Versuche der Einflussnahme - vor allem die direkteren - gehen in der Regel auf Kosten der Achtsamkeit und führen zu Verleugnung oder gar zum Verlust der seelischen Wirklichkeit und Lebendigkeit.[35]

Ausdruck

In unserem Gefühlserleben sind wir noch relativ mit uns alleine. Theoretisch bräuchte niemand mitzubekommen, was in uns vorgeht. Tatsächlich aber bringen sich starke Gefühle unwillkürlich zum Ausdruck. Ein anderer hat vielleicht an meinem Atem, an meiner Gesichtsfarbe, meinem Augenaufschlag, an meiner Mimik und Gestik längst bemerkt, dass ich aufgeregt bin, während ich mich anstrenge, ruhig zu bleiben und vor allem ruhig zu wirken. Physiologische Messgeräte können sogar feststellen, welche Themen „heiß" für mich sind - ohne dass ich das verraten will.

Die Versuche, den unwillkürlichen Ausdruck von Emotionen zu kontrollieren, weisen selbst da, wo sie scheitern, auf unsere Fähigkeit hin, den Gefühlsausdruck bewusst zu steuern und zu gestalten, vielleicht weniger im unbewussten physiologischen Bereich als zunächst vielmehr im verbalen Ausdrucksbereich. Es kann zum Beispiel hilfreich sein, den unwillkürlichen Gefühlsausdruck als Anlass zu nehmen, dem Gefühl auch verbal Ausdruck zu verleihen. Wenn ich vor einem Publikum sprechen muss und so aufgeregt bin, dass es nicht mehr versteckt werden kann, tritt eine bemerkenswerte Entspannung ein, wenn ich die Aufregung thematisiere, womöglich noch mit Humor. Statt gegen mich selbst anzukämpfen, nehme ich mich an und werde wieder eins mit mir.

Welche Kriterien findet meine Selbstführung im Falle des emotionalen Ausdrucks?

Mit mir einig werden, Kongruenz, Authentizität, Echtheit sind Forderungen, die wir an unseren Selbstausdruck stellen. Wir verhalten uns jedoch in unterschiedlichen Situationen, verschiedenen Menschen gegenüber jeweils anders, und das nicht zu Unrecht. Wir möchten doch nicht taktlos sein. Wir haben ein Gefühl dafür, was angebracht ist und was nicht; unter Umständen werden wir aufrichtige, aber leidenschaftliche oder gar unbeherrschte Äußerungen ablehnen, weil sie eine Wirkung haben, die nicht zu verantworten ist. Es gibt somit nicht nur den Blick nach innen - stimmt der Ausdruck qualitativ und quantitativ mit meinem Empfinden überein? -, sondern auch nach außen - ist es angebracht, mich hier und jetzt so zu äußern, welche Wirkung erzeuge ich damit, kann ich diese verantworten? Dieses doppelte Kriterium wird mit *Stimmigkeit* bezeichnet. Mit ihm steht die Selbstführung für ein höheres Kunststück, es muss ausprobiert, zurückgeschaut, um Rückmeldung gebeten, Erfahrung gesammelt und immer wieder geübt werden.

Emotionales Handeln

Der Emotionsarbeit scheint die Tendenz innezuwohnen, zum Selbstzweck zu avancieren. Dabei wird dann übersehen, dass es in vielen Lebens- und Arbeitssituationen nicht in erster Linie darum geht, Gefühle zu erleben und gekonnt zum Ausdruck zu bringen, geschweige denn sie auszuleben, sondern ein adäquates Urteil zu bilden und sinnvoll und zielführend zu handeln. Ein wichtiges Element der Selbstführung liegt in der Differenzierung und hierarchischen Ordnung von Gefühlen, Urteilen, Entscheidungen und Handlungen. Dass ich jemanden nicht mag, bedeutet nicht, das ich ein negatives Urteil fällen muss über das, was er sagt - seine Rede kann vernünftig sein; oder dass ich mich dazu entscheiden muss, nicht mit ihm zusammenzuarbeiten - vielleicht ist er gerade der Richtige für diese Aufgabe; oder dass ich ihn unbedingt meine Antipathie spüren lassen muss. Zunächst reicht es, dass ich selbst meine Antipathie bemerke, um zu verhindern, dass sie bei mir unbewusst die Kontrolle übernimmt, und dass ich mich frage, wodurch sie ausgelöst sein kann; das Richtige und Wichtige ist vielleicht, dass ich das Gespräch suche, damit ich mir ein besseres Urteil bilden und weiterführende Entscheidungen treffen kann. In vielen Arbeitssituationen ist es offensichtlich, dass ein problemorientiertes oder zielführendes Handeln gefragt ist. Meine wirklich vorhandene schlechte Laune an meinen Schülern in der Klasse auszulassen, wenn ich Lehrer bin, oder als Verkäuferin einer Kundin in der Filiale mit der passenden Lautstärke und Wortwahl deutlich zu machen, wie sehr sie mir auf die Nerven geht, weil sie sich nicht entscheiden kann, mag echt sein und damit auch (vorübergehend?) erleichternd wirken (auf mich), ist aber nur im Ausnahmefall ein Meisterstück der Selbstführung. Bei einiger Selbstbesinnung wird mir schnell bewusst, dass es einen Konflikt gibt mit anderen Zielsetzungen, die nicht nur anderen, sondern auch mir wichtig sind - ich muss mich dazu nur ein wenig von „mir", der Schlechtgelaunten, Genervten distanzieren. Damit ist noch nicht die Frage beantwortet, wie ich mit meinen Stimmungen und Gefühlen letztendlich umgehe, nur dass ich verhindern möchte, dass sie ein zielführendes Handeln beeinträchtigen oder gar unmöglich machen. Dieses steht nicht per se im Widerspruch mit einem angemessenen Gefühlsausdruck. Sowohl das Gefühlserleben wie dessen Ausdruck können unter Umständen dem Handeln dienen. Mein Gefühl kann mich aufmerksam machen auf Möglichkeiten oder problematische Momente in einer Situation, die ich sonst übergangen hätte, es kann mich auch zum Handeln motivieren; die Tatsache, dass ich mein Gefühl zum Ausdruck bringe, kann eine Beziehung, auch eine Arbeitsbeziehung, klären, „reinigen", entspannen, Unterschwelliges zur Sprache bringen, bearbeiten, Hindernisse aus dem Weg räumen.

Dabei ist es immer eine Frage, achtsam zu beurteilen, wann, wo, wie, in Anwesenheit von wem ein emotional klärendes

Gespräch geführt wird. Häufig empfiehlt es sich, dieses erst zu veranstalten, nachdem die akuten Leidenschaften etwas abgeebbt sind und man die Gelegenheit wahrgenommen hat, das aufgeladene Ereignis aus einem neuen Blickwinkel zu betrachten. Ein emotionsorientiertes Handeln kann auch in der Arbeit Vorrang vor einem sach- oder problemorientierten Handeln haben, zum Beispiel dann, wenn Sachlichkeit wegen der emotionalen Befindlichkeiten der Beteiligten nicht mehr möglich ist. Dann können „Störungen" Vorrang haben.

Beobachterrückschau

Oft ist es unmöglich, eine emotionale Situation zu entschärfen, während sie abläuft, vor allem, wenn ich erst zu üben beginne. Ich komme meistens zu spät. Es ist auch nicht immer erwünscht oder angebracht, aus dem Engagement des Alltags auszusteigen und innerlich zur Situation und zu sich selbst auf Distanz zu gehen; beherztes Handeln ist gefragt.

Dafür kann ich allerdings nachher innehalten und die Ereignisse Revue passieren lassen. Dabei kann mir viel aufgehen, das für kommende, ähnlich gelagerte Situationen hilfreich ist. Die Rückschau bietet sich für das Üben im emotionalen Bereich bestens an. Dabei stehen mir viele Möglichkeiten zur Verfügung. Die Gedächtnispsychologie macht hierbei eine wichtige Unterscheidung: sie unterscheidet zwei Formen, sich vergangene Ereignisse vorzustellen: aus der *Feldperspektive* - dann stelle ich mir das Erlebte wieder so vor, wie ich es tatsächlich erlebt habe, Erinnernder und Erinnerter fallen innerlich zusammen, und aus der *Beobachterperspektive* - dann bin ich als Erinnernder nicht mehr Teil des Feldes, sondern befinde mich außerhalb, bin von mir als Erinnertem distanziert, so dass ich mich ebenfalls von außen sehe, wie ich mich damals benommen habe, was ich wie gesagt habe usw.

Die Forschung zeigt, dass im Laufe der Zeit und im Fall eines gesunden Altwerdens immer mehr biographische Erinnerungen in der Form der distanzierten Beobachterperspektive auftreten, während frische Erinnerungen sich in der Feldperspektive anbieten. Emotional schwierige, unverarbeitete Erlebnisse widersetzen sich dieser Verwandlung.

Daraus kann man für die Selbstführung die Lehre ziehen, dass man nicht warten muss, bis man alt ist, sondern absichtlich Rückschau aus der Beobachterperspektive üben kann. Sie hilft mir, mich von mir zu disidentifizieren, die Emotion, ihren Ausdruck und ihre Wirkung achtsam wahrzunehmen, Zusammenhänge zu erkennen, die mir entgangen waren, und auf Ideen zu kommen, wie ich in Zukunft mit Ähnlichem umgehen kann und will. Wo mir die Durchführung besonders schwer fällt, weiß ich, dass dort noch Arbeit - reale „Feldarbeit" - auf mich wartet; in dem Maße, wie es mir gelingt, werde ich meine emotionale Selbsterkenntnis vertiefen, Situationen und Verhältnisse entemotionalisieren und Einsichten gewinnen können, wie ich anders und fruchtbarer auftreten und handeln kann.

Übung 8 -
Gefühlsanalyse

1. Wählen Sie eine Situation aus dem privaten oder dem Arbeitsbereich aus, in der Emotionen eine wichtige Rolle gespielt haben, im positiven oder im negativen Sinn.

2. Versuchen Sie die Szene aus der *Beobachterperspektive* vor Ihrem inneren Auge ablaufen zu lassen. Als Richtlinie stellen Sie sich vor, sie wäre mit Kameras von verschiedenen Seiten aufgenommen wordem; es gäbe also keine Diskussionsmöglichkeit darüber, ob es sich wirklich so zugetragen hat (Klang und Bild, evt. auch andere Sinnesmodalitäten wie Tasten, Schmecken, Riechen, wenn diese relevant sind), und Sie haben sich selbst im Bild. Wo und wann spielte es sich ab, mit welchen Teilnehmern oder Betroffenen? Worum ging es? Überlegen Sie sich, was zu wissen relevant ist aus der Vorgeschichte und aus der Nachwirkung, den Konsequenzen.

3. Jetzt rekonstruieren Sie die *innere* Seite:

   1. Was haben Sie gefühlt? Evt. mehrere Gefühle neben- und nacheinander oder widerstreitende Empfindungen. Benennen Sie diese. Wie intensiv waren sie? Ist das nachvollziehbar, dem Anlass angemessen?

   2. Was haben Sie gedacht? Innere Monologe, „Kommentare", Erwartungen, implizite Urteile und Einschätzungen, die Ihnen vielleicht erst im Nachhinein bewusst werden. Sehen Sie eine Interaktion mit dem, was Sie gefühlt haben?

   3. Was haben Sie gewollt, angestrebt, vermieden? Wie verhält sich dies zum Gefühl?

   4. Welche Gefühle haben Sie zum Ausdruck gebracht (bewusst oder unwillkürlich, verbal oder nonverbal)? Vergleich mit 2.: Wie stimmig war das?

   5. Wie haben Sie gehandelt? Wie zielführend war das?

4. Beurteilen Sie jetzt die Wirkungen, die aus diesem Verlauf hervorgegangen sind. Gibt es Punkte, die Sie verändern möchten? Welche und warum? Stellen Sie sich alternative Szenarien vor, in denen Sie an einem oder mehreren Punkten sich hätten anders verhalten können. Überlegen Sie, ob Sie dazu imstande sind oder welche Fähigkeiten Sie stärker oder zusätzlich brauchen, was Sie üben müssen, um das auch effektiv hinzubekommen.

Proaktives Fühlen

In der Regel beginnt die Emotionsarbeit mit reaktiven Gefühlen, die sich einstellen als persönliche Reaktion auf Reize, die uns affizieren. Sie sind immer schon da, wenn sie zum Thema werden. Erst wenn sie in irgendeiner Hinsicht problematisch sind, versuchen wir, unsere emotionale Selbstführung zu steigern, und diese bezieht sich dann auf den Gefühlsausdruck, nicht auf das Gefühlserleben als solches (nur auf dessen Auswirkung aufs Urteilen, Entscheiden und Handeln) - das ist immer, was es ist -, ein wichtiger Aspekt unserer Selbstwahrnehmung würde uns verloren gehen, wenn wir in diesen Bereich direkt eingreifen würden.

Ich kann aber trotzdem initiativ werden, nicht nur beim Ausdruck - zum Beispiel dadurch, dass ich unterschiedliche Rollen im Theater spiele oder andere Künste als Laie praktiziere, um mein „Repertoire" an Ausdrucksmöglichkeiten zu erweitern. Auch das Gefühlsempfinden kann - mehr oder weniger indirekt - beeinflusst werden; dabei kommen die Fähigkeiten, die wir uns in Bezug auf Aufmerksamkeits- und Handlungsführung erübt haben, zum Tragen.

Theaterleute wissen, dass ich über meine körperliche Haltung und Bewegung mein Empfinden beeinflussen kann. Richten Sie sich einmal hoch auf, Brust nach vorne, und versuchen Sie sich dann niedergeschlagen zu fühlen ... Oder lächeln Sie ... Es ist schwer, das innere Gefühl aufrecht zu erhalten, wenn die äußere Haltung damit kontrastiert. Ich kann auf diese Weise also auch Gefühle hervorlocken, die ich noch nicht spüre. Und auch durch die Auswahl der Reize, denen ich mich aussetze, kann ich mein Gefühlsleben bestimmen. Es besteht ein deutlicher Unterschied dazwischen, ob ich mir einen Actionfilm „reinziehe", alleine in einer friedlichen Landschaft spazieren gehe oder einen guten Freund aufsuche. Ähnliches gilt für den Vorstellungs- und Phantasiebereich: Je nachdem, woran ich denke, was ich mir vorstelle, wo ich mich innerlich hineinversetze, verändere ich mein Empfinden. Denken Sie an den Tod Martin Luther Kings ..., an ein biographisches Ereignis, das für Sie sehr wichtig war, die Begegnung mit einem Lebenspartner, die Geburt eines Kindes, das Scheitern bei einer Prüfung, Ihren herrlichsten Urlaub ... Sie können auch von einem gedachten Gefühl ausgehen und in ihrer Erinnerung oder Phantasie innere Bilder aufsuchen oder erzeugen, in denen Sie dieses Gefühl empfunden haben oder empfinden würden: ein aufregendes, trauriges, erfreuliches Erlebnis, eine Situation, in der Sie tiefe Ruhe und Zuversicht empfinden etc.

Im Hinblick auf Selbsterkenntnis kann es hilfreich sein, bei sich zu entdecken, welche Gefühle häufig und welche nur selten empfunden oder zum Ausdruck gebracht werden. Es ist verblüffend, wie viele Worte für Gefühlsqualitäten im Wörterbuch zu finden sind, und wie wenige wir alltäglich verwenden. Auch hier kann die Arbeit der Selbstführung ansetzen, um meine Empfindungen reicher, bunter, subtiler werden zu lassen, dadurch dass ich mich bestimmten Reizen (Natur, Kunst, menschlichen Konstellationen) oder inneren Vorstellungen hingebe. Neben der inhaltlichen Auswahl kann ich durchaus meine Aufmerksamkeit so lenken, dass ich versuche, besonders mein Gefühlsleben zu mobilisieren, aktiv zu fühlen (statt zum Beispiel über die Gefühle nachzudenken). Fragen Sie sich explizit, was Sie fühlen.

Übung 9 –
Proaktives Fühlen

1. Überlegen Sie sich, welche Gefühle/Emp-
   findungen/Stimmungen Sie kultivieren
   möchten, wie Sie Ihr Gefühlsleben bereichern oder verfeinern können.

2. Wählen Sie Situationen/Reize/Vorstellun-
   gen aus, die Ihnen helfen können, Ihre
   Empfindungen im gewünschten Sinne zu ent-
   wickeln und zu verstärken.
   Zum Beispiel: Landschaften, Menschen,
   Musik, Gedichte, Bilder, Gebete und
   Sprüche …

3. Wenden Sie sich in ausgewählten Momenten
   oder während Wartezeiten und Pausen diesen selbstgewählten Inhalten zu, bewegen
   Sie sie innerlich, spüren Sie sie ab,
   bis Sie eine möglichst lebendige Empfin-
   dung von ihnen haben. Schließen Sie während dieser Zeit alles andere aus Ihrer
   Aufmerksamkeit aus.

4. Suchen Sie Ausdrucksmöglichkeiten für
   diese Empfindungen (durch Farbe, Form,
   Wort, Geste usw.).

„Jeden Tag danke ich dem Himmel dafür,
dass er mich schon als Kind,
im Alter von noch nicht ganz acht Jahren,
blind werden ließ.

(…)

Ein kleiner Mann von acht Jahren hat noch keine
Gewohnheiten, weder geistige noch körperliche.
Sein Körper ist noch unbegrenzt biegsam, bereit,
eben jene - und keine andere - Bewegung zu machen
als die, welche ihm die Situation nahelegt,
er ist bereit, das Leben anzunehmen, so wie es ist,
zu ihm ja zu sagen.
Und aus diesem „Ja" können ganz große
physische Wunder erwachsen.

(…)

Für einen Achtjährigen „ist" das, was ist,
und es ist immer das Beste.

(…)

Für ein Kind ist Mut die natürlichste Sache der Welt,
eine Sache, die man zeigen muss,
und das zu jeder Minute des Lebens."

Jacques Lusseyran[36]

Kapitel 6 -
Positivität und Unbefangenheit

Neben den faktischen Leistungen, die wir erbringen, erzeugt die innere Haltung, aus der sie entspringen, eine entscheidende Wirkung, ja, oft qualifiziert sie diese Leistungen erst. In diesem Kapitel möchte ich zeigen, dass das innere Erzeugen dieser Haltung selbst eine Leistung ist, die Selbstführung erfordert. Sie lässt sich nur in dem Maße ausbilden (oder auch bewahren!), als die Teilfähigkeiten im Bereich des Denkens, Fühlens und Wollens bereits einigermaßen zur Verfügung stehen. Denn in dieser Haltung sind sämtliche Seelenkräfte enthalten, wie ich ebenfalls zeigen möchte. Grundlegend ist der Wille zur Entwicklung, der nicht nur auf sich selbst, sondern zugleich auf die Situation gerichtet ist, an der man Anteil hat. Dazu gehört der positive Blick, das Auge für die Momente, denen man etwas abgewinnen kann, an die sich anknüpfen lässt, aus denen sich etwas machen lässt. Positivität lässt sich aber noch manipulieren - wenn man auf die Wirkung schielt: ich versuche positiv zu sein oder zu wirken, damit ich meine Ziele besser erreiche. Sie wird ausgewogen durch die Unbefangenheit: die Offenheit für das, was aus der Zukunft kommt und sich nicht beherrschen lässt, was nicht vollständig meiner Kontrolle zu unterwerfen ist, die Bereitschaft sich darauf einzulassen und sich von ihm eines Besseren belehren zu lassen. Erst die Kombination der beiden entspricht dem Streben nach dem, was hier als dialogische Kultur bezeichnet wird.

Urteilsfähige Positivität

Im Gegensatz zu einer heute oft angestrebten „kalten" Haltung, der alles „gleich-gültig" ist oder sein sollte und die für „wissenschaftlich" oder „objektiv" gehalten wird, meinte Goethe:

„Echte Wahrheitsliebe zeigt sich darin, dass man überall das Gute zu finden und zu schätzen weiß. "

Die Wahrheitssuche wird hier mit Liebe verbunden, statt mit kalter Gleichgültigkeit, mit warmem Interesse für dasjenige, dem sich die Aufmerksamkeit zuwendet. Sie ist erst befriedigt, wenn sie das Gute darin gefunden hat, man kann sagen: den Wert für das größere Ganze oder das Entwicklungsfähige, Zukunftsträchtige, Fruchtbare. Und dazu kommt dann noch, dass sie dieses richtig zu schätzen weiß. Erst dann können entsprechende Konsequenzen daraus gezogen werden.

„Was fruchtbar ist allein, ist wahr", ist ebenfalls ein Goethe-Wort. Damit man das Fruchtbare finden kann, muss es oftmals bewusst und intensiv gesucht werden. Unsere Aufmerksamkeit wird unwillkürlich eher durch Antipathisches, Kritikwürdiges, Negatives geweckt und in den Bann gezogen, wie es in der von Goethe, aber auch von Richard Dehmel nachgedichteten Persischen Legende aus dem Zwölften Jahrhundert zum Ausdruck kommt:

Der tote Hund
(Nach Nizami)

Der Herr Jesus, auf seiner Wanderschaft,
betrat einen Markt, wurde sehr begafft.
Nur ein toter Hund, schon halb verfault,
wurde noch mehr gegafft und bemault.
Da lag er - und rings um die üble Gestalt
machten die Menschen wie Aasgeier Halt.
Puh! Sprach einer: mir wird ganz krank
von dem entsetzlichen Gestank.
Ein zweiter sprach: er stinkt zwar sehr,
aber der Anblick entsetzt noch mehr.
So gaffte jeder aus anderm Grund,
doch alle schmähten den toten Hund.
Da trat Jesus unter den Schwarm;
hell hob er über den Leichnam den Arm.
Seht!, sprach er und stand voll Sonnenschein:

seine Zähne sind wie Perlen rein!
Und lächelte - dass alle, die es erlebten,
durchglühten Schlacken gleich erbebten.[37]

Aus der Legende ergibt sich der Gegensatz der Kollektivität
(„Schwarm") und Individualität (symbolisiert durch Jesus).
Der positive Blick, dem die perlenreinen weißen Zähne auf-
fallen, geht vom selbstdistanzierten Ich aus. Selbstdistanz ist
nötig, um die eigene leibliche und seelische Befindlichkeit
(Übelkeit und Entsetzen als Reaktion auf den Gestank) so weit
außer Kraft setzen zu können, dass noch ein zweiter Blick auf
die Sache möglich wird. Jeder findet in seiner eigenen Subjek-
tivität einen Anlass zum Kritik-Üben. Diese Art der Subjekti-
vität widerspricht nicht der Kollektivität, die sich gerade in der
Kritiksucht und Schelte findet und gegenseitig verstärkt. Das
Ego, das sein Selbstgefühl steigert durch das Heruntermachen
des anderen, findet weitere Bestätigung in der öffentlichen
Meinungsmache und Sensationslust.

In Wirklichkeit ist die Seele ausgelöscht, erkaltet, wie tot,
„Schlacke". Konfrontiert mit der Haltung des Jesus wird die
Seele durchglüht mit der Kraft und der Wärme des eigentlichen Ich, das sie mit dem Lauf der Welt verbindet. Dehmel
fasst dieses in das Bild der Sonne. Sie steht nicht nur für Wärme, sondern auch für das Licht, und sie schenkt Leben und den
Menschen das Lächeln.

Das Licht ist eine wichtige Komponente dieser positiven Haltung. Das Licht entfaltet den Raum, macht sichtbar. Es ist nicht
so, dass Jesus die halb verfaulte Gestalt nicht sieht, den Gestank nicht riecht, vielmehr vermögen die anderen die Zähne
nicht zu „sehen". Jesus lässt sich von dem Anblick und dem
entsetzlichen Gestank nicht blenden und sieht *mehr*.

Das erfordert ein gewisses Maß an kognitiver und emotionaler
Beherrschung.

Zunächst Selbstführung im Wahrnehmen, Denken und Urteilen. Aufblitzende Assoziationen und Vorurteile, die von einzel-

nen, sich aufdrängenden Wahrnehmungen veranlasst werden (Tod und Verwesung rufen die „Aasgeier" auf den Plan), müssen erkannt und zurückgedrängt werden, um die Aufmerksamkeit frei zu halten für die Suche nach dem Positiven.

Fast gleichzeitig auch emotionale Selbstführung. Denn die assoziativen Vorurteile wie auch die Wahrnehmung des Gestanks rufen Abscheu, Ekel und Entsetzen, vielleicht auch Angst (zum Beispiel vor Erkrankung), aber auch Sensationsgier und eventuell ein Schwelgen in Selbstmitleid hervor. Auch dieses trübe Gebräu muss durchlichtet werden. Beim Aufwachen für das Gute kann sich heilsame Scham einstellen. Heilsam, weil fruchtbar: ich sehe mich in einem klaren Licht, das mir meine bisher versäumten Möglichkeiten zeigt, ein Verhältnis zum Guten aufzubauen.

Es ist nicht schwer, diese Haltung der Positivität von einem falschen „positiven Denken", wie es heute oft propagiert und kommerzialisiert wird, abzugrenzen. Wenn ein erfahrener Psychotherapeut ein Buch schreibt mit dem Titel *Positives Denken macht krank*[38], ist damit eine Form der Selbst-Verführung gemeint, die in entsprechenden Büchern und Kursen empfohlen und antrainiert wird. Ohne hier auf alle Einzelheiten eingehen zu können, kann bereits aus dem Vorhergehenden bemerkt werden, dass ein wirklichkeitsfeindliches Wunschdenken hier nicht unterstützt wird, da es kontraproduktiv ist. In einer wahrhaft positiven Haltung braucht man sich nichts einzureden oder einzubilden, weil man das Gute findet, man *sieht*, was Sache ist. Dadurch, dass man „Schlechtes" *und* „Gutes" sieht, ist man urteilsfähig und imstande, sachgemäß zu handeln. Auch ein Psychotherapeut, der heute „ressourcenorientiert" arbeitet (die Stärken, die gesunden Seiten und die Entwicklungsmöglichkeiten seines Klienten mobilisiert und mit ihnen kooperiert), hat ein klares Bewusstsein der Schwächen und Probleme, die in der Regel den Anlass für seine Tätigkeit liefern, mit denen er seinen Klienten aber nicht identifiziert. Auch die Erziehung ist ein weites Feld der Beispiele für die Bedeutung der Positivität. Suchen Sie Beispiele aus Ihrer eigenen Vergangenheit für die unterschiedliche Wirkung von Lehrern, die etwas in Ihnen gesehen haben und Sie ermutigt haben, und solchen, die Sie immer wieder mit Ihren Schwächen konfrontiert haben oder sagten: „Aus Ihnen wird nie etwas werden!" Nur durch schon vorhandene Stärke und durch diese Worte geweckte Widerstandskraft können solche Äußerungen indirekt fördernd wirken. Ein Verdienst dieser Lehrer ist das aber nicht.

Die drei Elemente der Überschrift, die Viktor E. Frankl für seinen Erlebnisbericht über das Konzentrationslager gewählt hat, geben die Haltung der gesunden Positivität trefflich wieder: „*Trotzdem ja zum Leben sagen*"[39]:

1. Trotzdem

2. Ja sagen

3. Zum Leben

Die Geste der Bejahung findet nicht blind oder mit zugekniffenen Augen statt, sondern im klaren Bewusstsein desjenigen, das dagegen sprechen könnte. Bedenken Sie, was das bei Frankls Erlebnissen bedeutet!

Das Ja-Sagen betrifft nicht das, was mir gefällt, sondern den Prozess des Lebens selbst, der in sich die Kräfte birgt, die es weiterführen.

Dagegen sind Hadern mit dem eigenen Schicksal und die Opferhaltung, die der Außenwelt oder den Verhältnissen die Schuld gibt für das, was einem nicht passt, kontraproduktive Haltungen, die die eigene Gesundheit, den Lebenselan und die Schlagkraft des initiativen Handelns schwächen. Darüber hinaus infizieren sie die soziale Umgebung mit Negativität.

Übung 10 –
„Ähren lesen"

Suchen Sie, zum Beispiel abends in der Rückschau auf den Tag oder auf einzelne Ab-
schnitte, Momente, die etwas Schönes, Gutes,
potentiell Fruchtbares, Entwicklungsfähiges,
kurz: Positives beinhalten, das Sie zunächst
nicht beachtet, übersehen oder nicht richtig
geschätzt haben. Schenken Sie ihnen im Nachhinein Ihr Interesse und die passende Wert-
schätzung.

Varianten:

– Gewöhnen Sie sich an, jeden Abend ein
  einzelnes Gutes, das Sie am vergangenen
  Tag erlebt haben oder nachträglich ausfin-
  dig machen können, so unbedeutend es auch
  scheinen mag, in einem dazu bestimmten
  Heftchen aufzuschreiben. Schauen Sie ab
  und zu hinein.

– Wählen Sie eine erlebte Situation aus,
  die Ihnen gerade besonders unangenehm oder
  schwierig war, und versuchen Sie, diese
  unter einem neuen Blickwinkel zu sehen,
  der Ihnen erlaubt, auch dieser Situation
  etwas Positives abzugewinnen. Machen Sie
  sich klar, inwiefern dieses tatsächlich
  Teil des Ganzen ist.

Aktive Unbefangenheit

Bereits die „Persische Legende" enthüllt uns die Bedeutung der Unbefangenheit in der Person von Jesus. Klassische Vorurteile müssen außer Kraft gesetzt werden, um unvermutete positive Seiten einer Sache bemerken zu können.

Unbefangenheit stellt somit eine neue Beziehung zur Vergangenheit her. Sie befreit uns von den fixierenden Wirkungen unserer Erfahrung. Sie gibt uns wieder die Möglichkeit, wie die Kinder frisch, offen und wie zum ersten Mal Sachverhalte zu erleben und aufzunehmen. Ohne diese Qualität werden aus Erfahrungen Erwartungen und aus Erwartungen selbsterfüllende Prophezeiungen. Nicht nur unsere Urteile bestätigen sich selbst, die von ihnen beeinflusste Realität trägt ihren Teil dazu bei. Im Umgang mit Menschen zum Beispiel üben unsere Erwartungen eine Wirkung aus, die ihnen häufig entspricht. Jemandem mit Misstrauen zu begegnen, wird selten dazu führen, dass wir Erfahrungen machen, die Vertrauen begründen. Das Umgekehrte kennen wir vielleicht aus eigener Erfahrung. Als mein Lehrer in der dritten Klasse mich bei einer Prüfungsfrage, die mich verunsicherte, dazu ermutigte, die Antwort zu wählen, die ich für die wahrscheinlichste hielt, hatte dies eine Wirkung, die weit über diese eine Situation hinausging; ich begann überhaupt meinem eigenen Urteil mehr zu vertrauen. Was, wenn ich einen Lehrer gehabt hätte, der mir in der Erwartung, dass ich wieder ewig nicht fertig werden würde, das Antwortblatt ungeduldig weggerissen hätte? Unbefangenheit hilft also sogar anderen Menschen, sich von den Fixierungen ihrer Vergangenheit zu befreien.

Die eigentliche Dimension der Unbefangenheit ist jedoch die Zukunft. Wie passives Denken und Vorstellen vergangenheitsbezogen sind und die Erfahrungen von früher als Erwartungen in die Zukunft projizieren, ist es der Wille, der von seinem Wesen her zukunftsbezogen ist. Er orientiert sich an einem Ziel, das noch nicht erreicht ist. Und dort liegt gerade das Problem, das durch aktive Unbefangenheit bewältigt werden muss. Das Zukünftige ist noch nicht da, kann also nicht adäquat vorgestellt werden, denn es gibt (noch) nichts abzubilden. Ich kann die Zukunft nur in meiner Phantasie entwerfen. Gerade das wird uns zum Beispiel in Selbstmanagementguides oder im „Management by Objectives" empfohlen, weil es uns hilft, unsere Ziele auch tatsächlich zu erreichen, u.a. dadurch, dass das imaginierte Ziel mich motiviert, aktiv zu werden und Widerstände zu überwinden. Das ist der eine Teil der Wahrheit. Der andere Teil ist dieser: wenn ich vergesse, dass meine Zielvorstellung, wenn sie keine bloße Vergangenheitsprojektion ist, ein Phantasie-Erzeugnis ist, laufe ich Gefahr, mich auf etwas zu versteifen, das mit dem wirklichen Lauf der Dinge nicht allzu viel zu tun hat. Dann könnte ich halsstarrig etwas anstreben, das unerreichbar oder unvernünftig (geworden) ist, anstatt mit der nötigen Flexibilität das aus der Situation zu holen, was drin ist. Das heißt: meine Zielvorstellung entsprechend anzupassen und umzugestalten. Ich laufe Gefahr, wirklichkeitsfremd zu werden.[40]

Die Willensseite der Unbefangenheit besteht somit aus Offenheit der Zukunft gegenüber. Sie setzt ein gewisses Maß an Vertrauen in das Leben, eine Art von Hingabe an den Lauf der Dinge voraus. Sie verstärkt diese jedoch auch, wenn wir übungsweise unsere Unbefangenheit auf die Probe stellen. Die Lösung des Problems mit der Zielvorstellung liegt darin, dass wir uns unsere Richtung ideell vor Augen halten, ohne diese vorstellungsmäßig zu fixieren. Wir müssen dabei nicht auf Vorstellungsbildung - Phantasieren - verzichten, im Gegenteil: versuchen Sie mehrere Szenarien zu entwerfen, mehrere konkrete Arten, wie dasselbe Ziel (begrifflich, also logosgemäß gefasst) verwirklicht werden könnte, je nachdem wie die Verhältnisse sich entwickeln. Sie werden offen sein für den tatsächlichen Lauf der Dinge und schlagfertig auf sie antworten können. Statt Opfer der Verhältnisse zu werden, können Sie sie mitgestalten. Ihr Wille wird einer der Keime sein, die in die Zukunft eingehen.

Die Willensseite der Unbefangenheit wird oft übersehen. Sie manifestiert sich zum Beispiel in der erstaunlichen Fähigkeit bestimmter Menschen, trotz Misserfolgen und Unverständnis nicht aufzugeben, sich treu zu bleiben, einen neuen Versuch zu starten. Wenn sie den Wert einer Sache eingesehen und ihren Willen dem verschrieben haben, riskieren sie im Extremfall Hab und Gut, ja sogar ihr Leben dafür. Beispiele sind Widerstandskämpfer im Zweiten Weltkrieg oder auch heute noch unter diktatorischen Regimes. Sie halten an Werten fest, zeigen Mut und können eine überraschende Phantasie an den Tag legen, wenn es darum geht, Mittel und Wege zu finden, diese Zukunftsrichtung offen zu halten und dazu beizutragen, dass sie eingeschlagen werden kann.

Auch eine Kultur der Selbstführung wird sich gegen eigene und fremde Widerstände durchsetzen müssen. Ist das, was Sie eingesehen, als wertvoll eingeschätzt und als richtungsbestimmend ausgewählt haben, innerlich gefestigt? Oder lassen Sie sich beirren durch Misserfolge und Mangel an äußerer Bestätigung?

Übung 11 –
Befreiung aus dem Vorstellungsgefängnis

Suchen Sie, zum Beispiel während Ihrer Ta-
gesrückschau oder beim Rückblick auf ausge-
wählte Episoden, Momente, die Sie überraschen, weil Sie anders waren oder einen anderen Lauf nahmen, als Sie erwartet hatten.
Im Besonderen, wo Menschen sich anders als
gewöhnlich verhalten haben.

Varianten:

–   Notieren Sie jeden Abend in einem dazu
    bestimmten Heft (eventuell dem der Posi-
    tivitätsübung) eine Erfahrung, die Sie
    überrascht hat, etwas, das Sie neu gese-
    hen oder dazugelernt haben, einen neuen,
    ungewohnten oder normalerweise überse-
    henen Aspekt einer Sache, eines Sachver-
    halts oder Menschen. Lassen Sie diesen
    in der Vorstellung und im Gefühl eine
    Weile auf sich wirken.

–   Suchen Sie gezielt eine Sache, Situation
    oder Menschen aus, die Sie ausreichend
    zu kennen meinen. Suchen Sie einen unge-
    wohnten Blickwinkel, der Ihnen erlaubt,
    neue Aspekte zu sehen. Notieren Sie die-
    se.

Übung 12 –
Zukunftsoffenheit

Suchen Sie beim Tages-/Wochen-/Jahresrück-
blick Handlungen oder Lebensabläufe auf,
deren Sinn Ihnen nicht evident ist. Fragen
Sie sich, warum Sie sie vollbringen oder
stattfinden lassen. Fragen Sie sich, ob Sie
wollen können, dass sie auch in Zukunft so
ablaufen? Was ist Ihr Motiv dabei, das Sie
bejahen? Was wollen Sie sein lassen oder
beenden? Warum?

Varianten:

– Notieren Sie jeden Tag ein Erlebnis, das
   Ihnen Vertrauen in die Zukunft geben
   kann.

– Notieren Sie überhaupt positive „Träu-
   me", die die Zukunft betreffen, ihre,
   die von geliebten Menschen, der Gesellschaft und unserer „globalisierten"
   Erde. Suchen Sie Zusammenhänge mit dem
   vorigen Punkt.

– Notieren Sie, wo Sie sich selbst untreu
   geworden sind, Momente der Verzagtheit,
   Mutlosigkeit. Konzentrieren Sie sich auf
   das, was Ihnen wertvoll, wichtig oder
   wesentlich ist.

Die Qualität der Mitte

Wie bei der Beschreibung dieser beiden Haltungsqualitäten schon zu spüren war, oszillieren sie um eine Mitte, einen dynamischen Gleichgewichtszustand, dessen Bewusstmachung hilfreich sein kann. Ein Instrument dazu sind die sogenannten Wertequadrate.[41]

Bei der Positivität baut sich eine Spannung auf mit der nüchternen Urteilskraft, die Wirkliches von Unwirklichem und Wertvolles von weniger Wertvollem unterscheiden kann. Das ist eine positive, dynamische Spannung, von der diese Qualität lebt, wenn sie gesund sein soll. Mit Goethes Worten:

Das Gute finden und schätzen ∞ Wahrheitsliebe

Beides kann entarten: die „Positivität" wird zum Wunschdenken oder zur rosaroten Brille, die Wahrheitssuche wird zum kalten, skeptischen Blick, der die negativen Aspekte immer wieder hervorholt und betont, eventuell mit Hilfe logischer Argumentierung zeigt, dass das „Positive" nicht ins Gewicht fällt, dass das nicht gut gehen kann, dass man es bisher immer anders gemacht hat und andere „Killerphrasen" mehr. Es ist leicht vorzustellen, dass keine fruchtbare Spannung mehr, sondern fruchtloser Streit auf dieser Ebene entsteht, wenn die Kontrahenten sich überhaupt mit einander befassen.

Rosarote Brille ⇄ Kritiksucht

Damit haben wir ein Quadrat, dessen untere Seite aus Lastern besteht, die eine Dekadenz der oberen Ebene und den Verlust der dynamischen Spannung der zusammengehörigen Tugenden, mit anderen Worten: eine Vereinseitigung bedeuten.

Ähnliches können wir uns für die Unbefangenheit vorstellen: sowohl Erfahrung wie auch Offenheit für Neues sind positive Dinge. Wenn Erfahrung jedoch, wie wir gesehen haben, die

Form der fixierten Vorstellungen, Vorurteile und Zukunftsprojektionen annimmt, wird sie kontraproduktiv. Ebenso kann aus Offenheit Naivität, ja Dummheit werden, wenn sie jede relevante Erfahrung ausblendet, sich aus der dynamischen Spannung mit Erfahrungswerten verabschiedet. Im Quadrat:

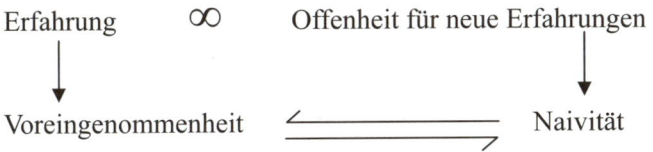

Auch die Willensseite kann so wiedergegeben werden:

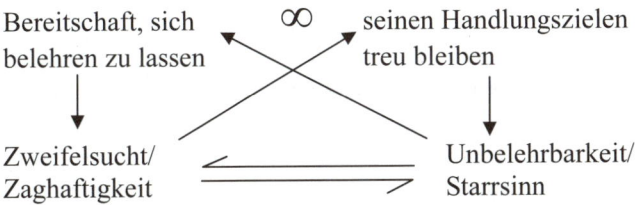

Ein Vorteil dieser Darstellung liegt weiterhin darin, dass die Diagonalen Orientierung für die Selbstentwicklung bieten. Wenn ich bemerke, dass ich die rosarote Brille aufhabe oder zum Wunschdenken neige, weiß ich, dass ich meine Wahrheitsliebe stärker mobilisieren, dass ich meine Urteilskraft stärken, dass ich nüchterner oder sachlicher werden muss. Wenn ich in Kritiksucht verfalle, muss ich mir den Sog des Negativen bewusst machen, mich von ihm lösen und aktiv Positives suchen.

Wenn ich voreingenommen bin, kann ich aktiv neue Erfahrungen suchen oder zulassen. Wenn Naivität und Orientierungslosigkeit mich gefährden, kann ich meine Erfahrung (oder die von anderen) zu Hilfe rufen.

Bei Zweifelsucht oder Zaghaftigkeit brauche ich stärkere Treue zu meinen Zielen, die ich dazu wieder verlebendigen muss. Wenn ich mich festfahre, muss ich mich aktiv für meine Umwelt öffnen.

Das Selbstführungs-Ich bewegt sich auf der oberen Ebene, je nach Lage der Dinge mehr links oder mehr rechts. Nur in einer falschen Identifizierung ist es unten, wo es aus der dynamischen Spannung herausfällt. Es hat überhaupt eine besondere Verbindung mit der dynamische Mitte zwischen Polen. Schließlich wäre auch die einseitige Betonung der Selbst-Distanzierung falsch. Wer leben und handeln will, kommt nicht um sich selbst herum, muss sich wieder mit seinen Gegebenheiten verbinden: bereits, wenn er sie - zum Beispiel zur Fähigkeitssteigerung - verändern will. Das Leben des Ichs spielt sich im Atemrhythmus von Identifikation und Disidentifikation ab. Dafür gibt der Tagesrhythmus ein sprechendes Bild ab: Aufwachen, Einschlafen; Aufwachen, Einschlafen usw. Der Mensch wird bald krank, wenn er nicht mehr schlafen kann, und ist es schon, wenn er nicht mehr wach werden kann. Vor dem Einschlafen gibt es ein natürliches Bedürfnis nach Rückblick auf den Tag, morgens nach Einstimmung auf den kommenden Tag. Selbstführung greift diesen Rhythmus bewusst und aktiv auf, um die Lebens- und Entwicklungsqualität zu steigern, wie es in den menschlichen Möglichkeiten angelegt ist.

Der konkrete Umgang mit den Wertequadraten lässt sich übungsweise am besten mit der Rückschau (Abendrückschau oder größere Abstände) verbinden.

„Lauf' nicht, geh' langsam:
Du musst nur auf dich zugehn!

Geh' langsam, lauf' nicht,
denn das Kind deines Ich,
das ewig neugeborene,
kann dir nicht folgen!"

Juan Ramon Jimenez[42]

Kapitel 7 -
Üben: Eintreten in den Freiheitsraum

Als Übung definiert Sloterdijk in seinem Buch „*Du musst dein Leben ändern*":

> „*jede Operation, durch welche die Qualifikation des Handelnden zur nächsten Ausführung der gleichen Operation erhalten oder verbessert wird*".

Alles Tun also, das mein nächstes Tun (der gleichen Art) verbessert (oder mindestens auf dem erreichten Niveau hält), nennt Sloterdijk „Üben". Ich beschränke mich hier auf die Operationen, die der übende Mensch mit dem Blick auf selbstgesetzte Ziele selbst initiiert - man könnte auch nach den Anweisungen anderer üben, auferlegte Übungen durchführen, das ist hier nicht gemeint. Als Übender beziehe ich mich auf meine eigenen Fähigkeiten in der Regel mit dem Willen, sie zu steigern. (Wir wissen aus Erfahrung, dass jede Fähigkeit wieder abnimmt, wenn die entsprechende Tätigkeit zu lange nicht wiederholt wird. Zum Beispiel Sportler oder Musiker können ein Lied davon singen.) Es gibt immer ein inneres Gefälle im Menschen, das ihn dazu auffordert, sich aufzurichten, zu gehen und dabei weiter zu kommen als vorher. Anknüpfend an die griechische Antike nennt Sloterdijk zunächst zwei Bereiche, in denen wir über uns selbst hinaus gelangen wollen: die *Leidenschaften* (oder emotionale Impulsmächte, Affekte) und die *Gewohnheiten* (die Macht der Trägheit). Den beiden Mächten gegenüber befinden wir uns in der Gefahr, überwältigt zu werden, statt selbst die Zügel zu führen. Dann fügt er noch die mentale Routine, das Vorstellungsgetümmel im Kopf, die *Meinungen und Vorurteile* hinzu - sie sind auch nichts anderes als Gewohnheiten im Bereich des Denkens und Vorstellens, die emotional besetzt sind. Jeder, der einmal Zuschauer seiner selbst war, spürt den Impuls, über diese drei Schatten zu springen, „*auf die andere Seite der drei Automatismen zu gelangen*".[43]

Das Denken nimmt dabei den ersten Platz ein, weil es im Reflektieren eine Distanz schafft zu sich selbst, zu dem vorhandenen Bewusstseinsinhalt. Damit erregt es erst den Antrieb zur „Entpassivierung", zur selbstverwandelnden Bewegung.

Wichtig ist zunächst, dass Sie selbst das Bedürfnis spüren, Ihre Fähigkeiten zu verstärken oder zu erweitern. Der Anlass dazu liegt in der Regel darin, dass Sie in bestimmten Situationen einen konkreten Mangel spüren und erkennen, worin er besteht und welche Folgen er hat. Daraus entsteht die Motivation, selbst Ihre weitere Entwicklung in die Hand zu nehmen. Sie können aber auch Übungen, wie in diesem Buch vorgestellt, probeweise durchführen, sie werden Ihre Selbsterkenntnis anregen, die als solche wieder Motiv zu bestimmten Übungen werden kann.

Wer sich dann entscheidet, einen Übungsweg zu gehen, muss sich klar machen, was und wie er üben will: sich eine Zielrichtung vornehmen, geeignete Mittel auswählen (eventuell selbst Übungsmittel ausdenken und ausprobieren).

Diese Mittel bestehen aus Handlungen, die über längere Zeit regelmäßig wiederholt werden. Fähigkeitsbildung ergibt sich selten aus einem einmaligen Tun. Etwas ausprobieren ist in diesem Sinne noch kein Üben.

Zu diesem regelmäßigen Tun gehört eine regelmäßige Selbstkontrolle und Selbstkorrektur: wo stehe ich? Hat sich etwas getan? Ist die Übung für mich und meine Zielrichtung geeignet oder muss ich etwas anderes probieren? So werden auch mechanische Automatismen, Routine, Langeweile und Verlust der Motivation vermieden. Ein wichtiges Kriterium bei der Frage, ob ich es richtig mache, ist die Freude, die Lust am Üben. Wenn es nur noch ein lästiges, beschwerliches Sich-selbst-überwinden-Müssen ist, stimmt etwas nicht, muss die Übungstätigkeit aufgefrischt werden. Es ist am besten, wenn das Üben - wie die Selbstführung - seinen Sinn in sich selbst und nicht im Schielen auf einen kurzfristigen Nebeneffekt finden kann. Dann finde ich Genuss am Üben selbst - wie das bei körperlichem Training der Fall sein kann. Im Grunde ist das Üben die Selbstführung selbst in verdichteter Form. Darum kann es für das Üben keine Anweisungen geben, nur orientierende Hinweise. Die Begeisterung für die Fähigkeiten, die Sie entwickeln wollen, und die Einsicht in eigene Unfähigkeiten sind die Grundlage für die Urteils- und Entscheidungsfähigkeit dafür, welche Übungen Sie sich vornehmen und wie Sie sie durchführen.

> *„Er wollte Ideen säen, sie aber wollten Rezepte auflesen."*
> Stefan Brotbeck[44]

Irrtümer

Der Übungsvorgang gewinnt an Kontur, wenn Sie sich einige häufige Fehlerquellen klar machen:

1 Selbstüber- oder -unterforderung

Wie beim Muskeltraining auch, findet Fähigkeitssteigerung am ehesten statt, wenn Sie sich der Grenze Ihrer Belastbarkeit annähern, ohne darüber hinaus zu gehen. Während Sie im ersteren Fall Verletzungen wie Muskelzerrungen riskieren, werden Sie bei seelischen Übungen schnell Überdruss empfinden, zu üben aufhören, riskieren sogar, langfristig Ihren Übungswillen zu korrumpieren.

Andererseits bringt es wenig, regelmäßig etwas zu wiederholen, was Sie „mit links" machen können. Es verhindert allenfalls, dass Sie unter ein einmal erreichtes Niveau zurückfallen. Hierbei droht aber von der anderen Seite Überdruss und Langeweile. Suchen Sie eine Herausforderung, die noch Spaß macht, unter anderem deswegen, weil Sie spüren, dass Ihre Kraft zunimmt. Ein weiterer Vorteil dieser Regel besteht darin, dass sie dazu anregt, auf sich zu achten, sich selbst achtsam wahrnehmen zu lernen.

2 Umgang mit der Zeit

Übungen durchführen heißt, eine Ausnahmesituation im Alltagsverlauf zu schaffen. Die muss günstig gewählt und/oder vorbereitet werden, um Störungsquellen (Menschen, Kommunikationsgeräte) möglichst fern zu halten. Es gibt also einen Zeitpunkt des Anfangs - der meistens genügend im Bewusstsein ist -, aber auch einen Zeitpunkt des Aufhörens mit diesem einzelnen Übungsabschnitt. Dieser ist oft weniger klar im Bewusstsein. Man wird halt irgendwann unterbrochen oder ist sogar unbemerkt aus der Übung heraus in den gewöhnlichen Bewusstseinsstrom hinübergeglitten. Hier kann es hilfreich sein, sich eine bestimmte Übungsdauer vorzunehmen, die mit einer klaren Zäsur zeitlicher oder inhaltlicher Art verbunden wird. Wenn man das will, kann man dann eine weitere Übungseinheit anfügen. Auch die Dauer soll keine Über- oder Unterforderung darstellen.

Was für eine einzelne Übungseinheit gilt, hat auch eine gewisse Gültigkeit für die Frage, wie lange man eine bestimmte Art des Übens überhaupt fortsetzt. Dabei wird oft ebenfalls begonnen, ohne dass man sich klare Gedanken darüber macht, wie lange man das fortsetzen will. Es ist manchmal, als ob implizit auf „lebenslänglich" entschieden wird. Das ist unvernünftig, weil die Übung erst noch ausprobiert werden muss, oder weil man noch herausfinden will, in welcher Form, Frequenz usw. sie im eigenen Fall optimal wirkt. Manchmal entdeckt man durch eine Übung, dass man eine andere viel mehr braucht. Hier empfiehlt es sich, sich zunächst eine überschaubare Frist zu setzen, nach welcher man überprüft, wie es war, ob es so weiter gehen kann, ob eine Variation erwünscht ist oder ob man vorläufig ganz auf diese Übung verzichtet. Die Entscheidung wird mit Blick auf die aktuellen Verhältnisse für eine weitere Frist bekräftigt oder erneuert.

3 Verquickung mit Tipps, Tricks und pragmatischen Maßnahmen für den Alltag

Wir sind dermaßen eng als Interessenten mit unserem Lebens- und Arbeitsalltag verbunden, dass fast instinktiv die Neigung auftritt, nach direkten Anwendungsmöglichkeiten des Gehörten oder Gelesenen zu suchen oder zu fragen. Die Durchführung dieser einzelnen Maßnahmen wird dann manchmal nicht klar vom eigentlichen Üben unterschieden. Auch wenn es in der Praxis fließende Übergänge geben mag, ist es hilfreich, sich den Unterschied begrifflich klar zu machen und auch in der Umsetzung an bestimmten Punkten klare Schnitte zu machen. Maßnahmen (Tipps bis hin zu „Tricks") versuchen möglichst kurzfristig und effektiv eine reale Situation zum Besseren zu wenden, zum Beispiel das Leistungsniveau des Einzelnen oder der Gemeinschaft zu steigern. Sie können auch den Charakter von „Werkzeugen" haben, die bei bestimmten Aufgaben oder Problemlösungen zur Anwendung kommen können. Das Kriterium des Besseren oder Schlechteren liegt im Arbeitsziel oder in den Wünschen der Betroffenen. Zum Beispiel: tief durchatmen, wenn eine Emotion mit einem durchzugehen droht, „Rückschau" in Form von systematisierten oder gar standardisierten Arbeitsgesprächen nach bestimmten Fristen mit einzelnen Mitarbeitern. Das kann durchaus sinn- und wertvoll sein, muss aber vom Üben unterschieden werden.

Das Üben von Selbstführungsfähigkeiten stellt eine Ausnahmesituation der Selbst-Distanzierung her, wodurch ich mich auch von meinen Interessen in der Arbeit oder in meinem alltäglichen Leben vorübergehend distanziere. Was ich mir aus dieser „Meta-Position" als Übung vornehme, findet in einem Freiraum statt, in dem ich meiner Individualisierung den aktiven und positiven Inhalt der Steigerung meiner Freiheitsfähigkeiten gebe. Ich kann auch schlicht und einfach sagen: Ich versuche, mehr Mensch zu werden. Der Anlass mag durchaus in einem Mangelerleben im konkreten Leben und Arbeitsalltag liegen, der Raum, den ich dadurch betrete, ist ein Freiraum, den *ich mir* schaffe. Das bedeutet, dass ich konsequenterweise einen Teil meiner Lebens- und Arbeitszeit frei mache, um mich einer inneren Aufgabe zu widmen, die nicht mit Anforderungen aus dieser Zeit kompromittiert wird.

Warum nicht?

Einmal wegen der Instrumentalisierungsgefahr, die meiner Selbstbefähigung äußere Grenzen setzt. Entweder ich selbst oder meine „Chefs" werden mir nur so lange Entwicklungsraum verschaffen, als definierbare Erfolge gemessen werden können. Im Bild gesprochen: ich darf fliegen lernen, aber mit einer Leine am Bein, damit ich nicht (dem, der mich hält und etwas von mir will) davon fliege. Vielleicht „darf" ich dann auf eine konkrete Arbeitssituation rückblicken, damit ich Verbesserungsmöglichkeiten herausfinde, ja es wird mir sogar nahe gelegt, das regelmäßig zu tun, aber „einfach so", d.h. innerlich offen einen Tagesabschnitt vor den Augen meines Selbstführungs-Ich ablaufen zu lassen, soll ich außerhalb der Arbeitszeit machen.

Die andere Seite ist die ungesunde Wirkung, die ein solches „Üben" auf die direkte Umwelt haben kann. Ein Beispiel: wenn Sie sich vorstellen, Sie würden sich einen Kollegen (oder Vorgesetzten!) zum Übungsgegenstand Ihrer Positivitäts- oder Unbefangenheitssteigerung nehmen, und zwar nicht im Ausnahmezustand der individuellen Rückschau, sondern im alltäglichen Umgang, können Sie sich wahrscheinlich verschiedene unerwünschte Möglichkeiten als Folge vorstellen. Der Betroffene fühlt sich zum Beispiel befangen, weil er ihr Verhalten merkwürdig findet und nicht verstehen kann. Je nachdem, wie er Ihr Verhalten interpretiert, kann er sich veräppelt, geschmeichelt oder wie auch immer vorkommen. Die Arbeitsatmosphäre wird unnatürlich. Kollegen fragen sich, was los ist. Vielleicht wird Ihr Verhalten sogar völlig kontraproduktiv, weil Sie keine Kritik aussprechen, wo Sie angebracht wäre, nicht eingreifen, wie die Sache es erfordert. Es ist nun mal so, dass konkrete Situationen konkrete Anforderungen stellen, die nicht immer mit dem Üben von Positivität oder Unbefangenheit identisch sind ... Die Verantwortung eines Ausbilders oder Filialleiters zum Beispiel erfordert kritische Urteile, konfrontierende Rückmeldungen und entsprechende, manchmal harte Eingriffe. Wenn sie *stattdessen* die Situation bloß zur Steigerung ihrer Fähigkeit der Positivität und Unbefangenheit verwenden würden, wäre das völlig unsachgemäß. So wie mein Üben nicht für das Leben und die Arbeit instrumentalisiert werden darf, so darf ich auch das Leben nicht fürs Üben instrumentalisieren. Es hat seinen Eigenwert. Dass ich das Leben und die Arbeit als ein permanentes Lernen und „Üben" empfinden kann, das meine Fähigkeiten steigert, widerspricht dem nicht. Die Selbstführungsfähigkeiten, von denen hier die Rede ist, schöpfen aus einem Überschuss-, dem Freiheitsbereich meines Menschseins, für den ich durch Selbst-Distanzierung aufwachen kann. So wie dieses Aufwachen Teil meines Lebens ist, so fließen die Ergebnisse meiner Selbstführung in das Leben zurück. Das ist dann aber auch wieder ein Lebensvorgang, den ich sich selbst überlassen kann, und keine bewusste Anwendung und Umsetzung im Dienst des Alltags. Diese stammt in Wirklichkeit aus nur halb vollzogener Disidentifikation. In dem Moment, wo ich bemerke, dass die Früchte meines Übens „ungewollt" in das Leben und die Arbeit einzufließen beginnen, findet mein Übungswille seine unveräußerliche Verwurzelung im Boden des Selbstführungs-Ichs. Die Motivation ist dann keine Frage mehr.

4 Zusammen mit anderen üben?

Zwischen Maßnahmen und dem Üben im engeren Sinne liegt die Neigung, sich mit anderen zusammen ans Üben zu machen. Das kann verschiedene Gründe haben und unterschiedliche Formen annehmen. Wenn ein Arbeitsteam zum Beispiel eine Zeitlang gemeinsam Positivität üben will, kann davon eine Verbesserung des Arbeitsklimas erhofft werden. Insofern das der Fall ist, gelten Überlegungen wie unter Punkt Drei. Das Üben wird zweckgebunden instrumentalisiert, die Positivität ist dann vielleicht nicht völlig wahrhaftig - das ist sie nur, wenn sie zweckfrei ist - oder an enge Grenzen gebunden, über die sie nicht hinausgeht; Sachfragen wird vielleicht ausgewichen, weil sie konfliktträchtig sind. Das wirkt sich aber negativ aus.

Ein anderes Motiv liegt oft in der gefürchteten Schwäche der eigenen Kräfte. Vielleicht versucht man, sich selbst dadurch zu überlisten, dass man sich mit anderen zusammentut. Man verspricht sich eine größere Effektivität des Übens, mehr Ausdauer u. ä. durch die größere soziale Verbindlichkeit: wir haben Bestimmtes miteinander abgesprochen, nächste Woche sollen wir erzählen, was wir (nicht) gemacht haben … Die Wahrscheinlichkeit, dass ich die Übung durchführe, ist größer, als wenn ich sie nur mit mir selbst abmache und nur mir selbst Rechenschaft schuldig bin.

Das kann durchaus der Fall sein. Es entspricht mehr oder weniger dem, was ich im ersten Kapitel das Selbst*ver*führungsverhältnis genannt habe als eine der Möglichkeiten, mit sich selbst umzugehen, allerdings mit der Empfehlung der Vorsicht, der mäßigen und vollbewussten, sich selbst nicht belügenden Anwendung. Wenn es um die Ich-Kraft oder die Selbstführungsfähigkeit geht, kann alles, was nicht diese selbst mobilisiert, im Vorfeld seine Bedeutung haben. Das heißt, solange eine zutreffende Selbsteinschätzung mich dazu führt, mich zu diesem Hilfsmittel zu entschließen, ist nichts dagegen einzuwenden, es ist für mich aber nicht das Ende des Weges der Selbstführung. Das Ziel ist es, allmählich aus eigener Kraft zu schaffen, was ich mir vornehme.

Es gibt heikle Fragen, die beim gemeinsamen Üben bedacht werden wollen:

Wie kommen „gemeinsame" Entscheidungen darüber, was „man" machen will, zustande? Wer hat welchen Einfluss beim Zustandekommen dieser Entscheidungen? Wer macht mit, weil er es nicht so recht weiß? Wer gibt nach, ohne es wirklich selbst machen zu wollen? Wie stark wirkt danach der soziale Druck? Gibt es unterschwellige Sanktionen? Bewusstsein dieser Gefahren und ein sehr transparentes und kommunikatives Miteinander - ein Milieu, das Freiheitsfähigkeit fördert - gehören zu diesen Versuchen dazu.

Die Erfahrung zeigt dann, dass befristete soziale Absprachen durchaus hilfreich sein können, wenn es darum geht, Übungen auszuprobieren und sich ein adäquateres Bild von ihnen zu verschaffen. Es kann sehr überraschen und anregen, zu hören, wie jemand anders eine Übung durchführt, eine bestimmte Teilfähigkeit zu steigern versucht. Und der Blick eines anderen Menschen kann einem einen Schub zur Selbst-Distanzierung und Selbstkorrektur geben. Insofern kann das „gemeinsame Üben" - wach durchgeführt - durchaus dazu beitragen, dass ein tragender Ausgangspunkt für die eigentliche Selbstführung erreicht wird -, abgesehen davon, dass der Gemeinschaftsgeist - des lernenden, übenden Unternehmens - dadurch gestärkt werden kann.

Fragen, die man sich selbst stellen kann

Das Üben gestaltet sich für jeden anders. Bei der Bestimmung der Übungen, die man individuell durchführen kann, hilft möglicherweise eine Orientierung innerhalb der Möglichkeiten. Grundsätzlich und zugleich als eine Art der Zusammenfassung kann in folgende Richtungen geblickt werden:

- Bin ich seelisch „harmonisch" veranlagt und ausgebildet, was die Funktionen des Denkens, Fühlens und Wollens betrifft? Wo sind meine Stärken und Schwächen? Gibt es Einseitigkeiten? Will ich meinen kognitiven, emotionalen oder volitionalen Bereich verstärken?

- Wie ist meine habituelle Haltung? Lebe ich wirklich in der Gegenwart und nach vorne orientiert? Mangelt es an Positivität? Ist meine Kritikfähigkeit konstruktiv ausgerichtet? Bin ich lernbereit? Inwiefern richte ich mich nach dem Urteil der anderen oder strebe nach kurzfristigem Erfolg, ohne mir genügend Gedanken darüber zu machen, was wirklich wichtig ist?

Auch innerhalb des kognitiven, emotionalen und volitionalen Bereich kann man weiter differenzieren. Ohne alle individuellen Aspekte abdecken zu können, kann zum Beispiel unterschieden werden:

I Innerhalb des **Kognitiven**:

1. Der *Wahrnehmung*sbereich: nehme ich mit allen Sinnen wahr? Mache ich mir genügend klar, was sinnlich gegeben ist und was nicht? Wie vollständig nehme ich die Einzelheiten wahr, oder verbleibe ich zu sehr im Schematischen des bloßen Wiedererkennens?

2. Der *Gedächtnis*bereich: inwiefern kann ich innerlich bildhaft reproduzieren, was ich wahrgenommen habe? Wie getreu? Oder bleibt es bei einem „Wissen", was ungefähr war?

3. Der *Urteil*sbereich: Wie sorgfältig und kritisch interpretiere ich, was ich wahrnehme? Oder bleibe ich innerhalb meiner Erfahrungsurteile, die mich voreingenommen machen, die verhindern, dass ich die neue Gegenwart erfasse?

4. Der *Denk*bereich: denke ich bloß vorstellungs- oder sprachgebunden, oder kann ich auch Begriffe - das Wesen einer Sache - erfassen? Denke ich überhaupt selbst? Denke ich genügend zusammenhänglich oder bloß sprunghaft-assoziativ? Kann ich sachlich genug denken oder bringe ich zu schnell persönliche Interessen und Emotionen ins Spiel? Kann ich kreativ denken?

II Innerhalb des **Emotionalen**:

1. *Achtsamkeit*: Nehme ich rechtzeitig wahr, was sich in mir abspielt? Kann ich es zur Kenntnis nehmen, ohne es gleich zu be/verurteilen? Arbeite ich an meiner emotionalen Sensibilität - auch im Sinne des proaktiven Fühlens?

2. *Ausdruck*: Kann ich mein Gefühlsleben *wahrhaft* zum Ausdruck bringen, oder spiele ich eine Rolle? Gilt das für alle Gefühlsnuancen, oder gibt es emotionale Lagen, mit denen ich es (eventuell in bestimmten Situationen) besonders schwierig habe und die meine Au-

tonomie gefährden? Kann ich meine Gefühle *stimmig* zum Ausdruck bringen: auch so, dass es angebracht ist - auch im Sinne meiner eigenen Beurteilung dessen, was angebracht ist?

3. *Soziale Wahrnehmung*: Nehme ich wahr, was sich bei anderen abspielt, u.a. wie ich auf sie wirke? Fehlt es an Einfühlungskraft? An Fantasie, mich in sie hineinversetzen zu können?

4. *Emotionales Handeln*: Kann ich Emotion und Sachlichkeit zielführend verbinden? Das situativ richtige Verhältnis finden zwischen Empfinden, Ausdruck und Tat?

III Innerhalb des **Volitionalen**:

1. *Initiative*: Kann ich aus eigener Einsicht einen Anfang mit etwas machen oder bin ich darauf angewiesen, dass ein anderer vorangeht? Stehe ich unter Zwängen des „Müssens"?

2. *Ausdauer und Konsequenz*: Bleibe ich an einer Sache, die ich einmal angefangen habe, dran oder fange ich leicht Feuer, das auch schnell erlischt? Unterliege ich „Möchtegerns"?

3. Ist mein Handeln *situativ* flexibel, ohne mein Fähnchen bloß nach dem Wind zu drehen, oder zu prinzipiell bestimmt? Habe ich genug Bewusstsein von den situativen Möglichkeiten in dem Moment, wo ich mich zu einer Entscheidung durchringe? Bin ich zur Selbskorrektur fähig?

4. *Zusammenhänglichkeit*: Hängen meine Taten zusammen oder ist kein roter Faden in ihnen zu entdecken? Wie fügen sie sich in den Zusammenhang der Handlungen derjenigen ein, mit denen mein Tun verbunden ist - ohne bloße Anpassung zu sein? Ich kann hier Arbeitsabläufe betrachten, aber auch mein Leben als Ganzes.

Ausblick

Der Schwerpunkt dieser Darstellung war Selbstführung als Erfüllung der Menschenwürde. Der Mensch ist ein Beziehungswesen. Nicht nur zu sich selbst, sondern auch zu seinen Mitmenschen und der übrigen Wirklichkeit steht er in einer bewussten Beziehung. Außerhalb dieser ist er nichts. In seinem Umgang mit seinen Mitmenschen ist deren Möglichkeit der Selbstführung ebenso Maßstab wie sich selbst gegenüber. Aber auch die „übrige" Wirklichkeit, mit der er unaufhörlich in Wechselwirkung steht, enthüllt sich ihm nur in dem Maße, wie er sich selbst zu führen vermag. Ansonsten ist er geleitet von seinen Meinungen, Wünschen und Absichten, und Emotionen. Diese sind Ausdruck und Auswirkung von Kräften in ihm selbst, die nicht notwendigerweise im Einklang mit der äußeren Wirklichkeit sind. Deswegen ist seinem Handeln eine beschränkte Wirkung gesetzt, ja es muss gelegentlich in Konflikt mit der Realität kommen, sogar zerstörend in sie eingreifen.

Selbstführung „zähmt" die wirklichkeitswidrige, einseitig subjektive Seite der seelischen Kräfte. Sie macht sich Vorurteile bewusst und versucht sie an der Wahrnehmung, den alternativen Denkmöglichkeiten und der Verifikation zu korrigieren. Sie macht sich die Motive des Handelns bewusst und setzt sie in Beziehung zu den Möglichkeiten und Gegebenheiten, damit vernünftigere Entscheidungen und Initiativen zustande kommen. Sie bezieht das Gefühlserleben nicht nur auf die eigene Betroffenheit, sondern öffnet sich für das seelische Erleben anderer Menschen oder für das Atmosphärische von Bildern, Situationen und Prozessen. Was in der Betrachtung der Haltung der Entwicklungsorientierung, Positivität und Unbefangenheit, explizit zum Ausdruck kam - die Orientierung auf die Welt -, liegt als Keim bereits im Denken, Fühlen und Wollen verborgen.

Am Deutlichsten wird es am Denken: dies versucht, Wesen und Zusammenhang des Wahrgenommenen zu erfassen und

sich in sich selbst zusammenhänglich - logisch - zu entwik-
keln. Es wirkt bizarr, wenn jemand versucht, willkürliche, mit
der Wahrnehmung im Widerspruch stehende Ansichten oder
logisch widersinnige Schlüsse durchzusetzen - bloß weil es
seine Meinung oder Überzeugung ist.

Die Erfahrung lehrt es auch im Handeln: es erwacht und kor-
rigiert sich am Widerstand der gegebenen Wirklichkeit und an
seinen Folgen in der Welt. Im emotionalen Leben ist es vielleicht am schwierigsten, die Weltorientierung zu entdecken.
Wir identifizieren uns oft restlos mit starken Gefühlen. Trotzdem gibt es auch im Gefühlsleben selbstkorrigierende Erlebnisse, wie zum Beispiel die Scham nach einem unkontrollier-
ten Wutausbruch. Wir wollen nicht ungerecht oder wirklichkeitsfremd im Fühlen sein. Wir kennen auch die zarten, bis-
weilen beunruhigenden Empfindungen, die uns ahnen lassen,
dass etwas nicht stimmt, dass wir etwas übersehen haben o. ä.
Wenn wir auf sie achtgeben, können wir bemerken, dass auch
unser Fühlen uns Auskunft über Aspekte der Welt, Menschen-
oder Dingwelt, geben kann.

Die Selbstführung ist in diesem Sinne nicht nur ein aktives
Selbstverhältnis, sondern zugleich ein Weg, sozialer und wirk-
lichkeitsfreundlicher zu werden, mit der Welt zusammenzu-
wachsen, nicht nur Ich, sondern zugleich ein weltbezogenes,
nicht in sich selbst gefangenes Ich zu sein. Wenn wir miteinander in dieser Welt sinnvoll weiterleben wollen, wird es unab-
dingbar sein, Ich und gleichzeitig mehr als Ich zu sein.

„'Sein Leben führen' heißt nicht nur Pläne schmieden
und ausführen.

Ohne die Sinnbewegung des Zielebildens und -verfolgens,

des vor- und umsichtigen Planens

wäre das Leben keines, das wir führen.

Ohne die Sinnbewegung der unausmalbaren und

unvorwegnehmbar

auf uns zukommenden Ereignisse aber

wäre in dem Leben, das wir führen,

kein Leben mehr."

Stefan Brotbeck[45]

Danksagung

Mein Dank geht an zwei Gruppen von Menschen, ohne dass ich wüsste, welche zuerst zu nennen: meine Kollegen vom Friedrich von Hardenberg Institut für Kulturwissenschaften oder die Mitarbeiter der Unternehmen, in denen ich Seminare zur Selbstführung durchführen durfte.

Diese Letzteren gaben durch ihre wiederholten Fragen den Anstoß, dieses Buch zu schreiben. Durch ihre engagierte Mitarbeit haben sie zu mancher Korrektur des zuerst Durchgeführten, dann überhaupt zu mancher kreativen Idee geführt, die erst daraufhin verwirklicht wurde. Sie sind in diesem Sinne Mitgestalter des Seminars und Mitautoren dieses Buchs.

Ähnliches gilt für die Mitarbeiter des Hardenberg Instituts. Karl-Martin Dietz und Thomas Kracht haben die Dialogische Kultur ideell entwickelt und sind weiterhin dabei, dies zu tun. Sie haben die ersten Seminare im Geiste dieser Kultur bei dm durchgeführt. Als ich gefragt wurde, ob ich an den Selbstführungsseminaren mitwirken wolle, war deren erste Gestalt weitgehend von den beiden geprägt. Seit einigen Jahren ist Jürgen Paul dabei mein Kollege geworden. Auch er prägt jetzt die Veränderungen mit.

Am IEP (Interfakultatives Institut für Entrepreneurship) des Karlsruher Instituts für Technologie (KIT) hat Peter Dellbrügger, der dort eine Doktorarbeit zum Thema Selbstführung erstellt, Karl-Martin Dietz, Thomas Kracht und mir bei Seminaren mit Studenten assistiert. Die Gespräche mit ihm haben diesen Text bis zur Drucklegung begleitet.

Mein Schlusssatz mag wohl jedem Leser dieses Nachworts einleuchten: Während ich für die schriftliche Darstellung im Wesentlichen selbst verantwortlich bin - Frau von Grumbkow sei noch herzlich Dank gesagt für das Lektorat und Frank Fath für die Umschlaggestaltung -, bin ich inhaltlich nicht mehr imstande, eine klare Grenze zu ziehen zwischen Gedanken, die mir selbst gekommen sind, und solchen, die ich mir im Laufe der Zeit von Anderen wie selbstverständlich angeeignet habe. Denen gegenüber, die nicht gebührend gewürdigt wurden, möchte ich mich entschuldigen. Das gilt im Besonderen Rudolf Steiner gegenüber: obwohl ich aus gutem Grunde versucht habe, alle Gedanken und Übungen in sich möglichst voraussetzungslos, stichhaltig und nachvollziehbar zu formulieren, hat so vieles seinen Ursprung in der Auseinandersetzung mit seinem Werk, dass es unmöglich ist und ermüdend wäre, in Einzelheiten davon Rechenschaft ablegen zu wollen. Das ist an anderer Stelle ausführlicher geschehen.

Rudy Vandercruysse

Die Übungen im Überblick

Anmerkungen

[1] Juan Ramon Jimenez, *Herz, stirb oder singe,* Zürich 1977, S. 77

[2] Peter M. Senge, *Die fünfte Disziplin. Kunst und Praxis der lernenden Organisation,* Stuttgart 1999, S. 177

[3] Aus Gründen der besseren Lesbarkeit wird die männliche Form verwendet. Die weibliche ist immer mitzudenken!

[4] Jacques Lusseyran, *Das wiedergefundene Licht,* 17. Auflage, München 2009, S. 10f.

[5] Zitiert nach Urs Dietler, *Das Goetheanum,* 36/2007, S. 8

[6] Natascha Kampusch, *3069 Tage,* Berlin 2010, S. 23

[7] Es gibt zahllose anregende Biographien und Autobiographien einzelner Persönlichkeiten. Ein Beispiel, aus dem ich für dieses Buch geschöpft habe, ist Jacques Lusseyran, *Das wiedergefundene Licht.* Ein anderes: Viktor F. Frankl, *... trotzdem Ja zum Leben sagen.* Es gibt aber auch eine umfangreiche Literatur zur Biographiebetrachtung, die uns helfen kann, unser Leben bewusster zu führen. Auch hier nur zwei Beispiele: Mathias Wais, *Das Ich findet sich, wenn es sich loslässt,* Esslingen 2010; und ders.: *Die Kraft der Krise. Männliche und weibliche Potenziale, sich neu zu (er-)finden,* Esslingen 2010

[8] Karl-Martin Dietz, *Metamorphosen des Geistes,* Band 1: *Prometheus - vom göttlichen zum menschlichen Wissen,* Stuttgart 1989, S. 154ff.

[9] Giovanni Pico della Mirandola, *Die Würde des Menschen,* München 1996

[10] Viktor E. Frankl, *... trotzdem Ja zum Leben sagen. Ein Psychologe erlebt das Konzentrationslager,* München 2006, 27. Auflage, S. 138

[11] Ibid., S. 108

[12] Anita und Klaus Bischof, *Selbstmanagement effektiv und effizient,* Freiburg 2006, 5. Aufl.

[13] Es ist nicht möglich, in diesem beschränkten Rahmen auf die unterschiedlichen Ansätze, die es hierbei natürlich noch gibt, einzugehen. Siehe auch das Literaturverzeichnis.

[14] Ich verdanke diese gedankliche und sprachliche Zuspitzung Götz W. Werner.

[15] Matthias Junge, *Individualisierung,* Frankfurt/Main 2002, S. 7

[16] Ulrich Beck, *Risikogesellschaft. Auf dem Weg in eine andere Moderne,* Frankfurt/Main 1986

[17] Ausführlicher und differenzierter bei Karl-Martin Dietz, *Jeder Mensch ein Unternehmer. Grundzüge einer dialogischen Kultur,* Karlsruhe 2008

[18] *Deutsches Wörterbuch* von Jacob und Wilhelm Grimm, Band 4, 1984, S. 431 ff.

[19] Karl-Martin Dietz/Thomas Kracht, *Dialogische Führung: Grundlagen - Praxis. Fallbeispiel dm-drogerie markt,* 3. Auflage, Frankfurt 2011

[20] Peter Sloterdijk, *Du musst Dein Leben ändern: Über Anthropotechnik,* Frankfurt 2009, S. 300

[21] Karl-Martin Dietz, *Metamorphosen des* Geistes; Band 3: *Vom Logos zur* Logik; Stuttgart 1990, Teil 1: „Heraklit von Ephesus"

[22] Viktor E. Frankl, *Was nicht in meinen Büchern steht. Lebenserinnerungen,* München 1995, S. 75

[23] Jacques Lusseyran, *Ein neues Sehen der Welt,* Stuttgart 2002, S. 71

[24] Peter Sloterdijk, *Du musst Dein Leben ändern,* a. a. O., S. 305

[25] Walter Lord, *Die letzte Nacht der Titanic,* Klagenfurt 1998, S. 7f.

[26] Ibid., S. 8

[27] Ibid., S. 9

[28] Ibid., S. 10

[29] Ibid., S. 11f.

[30] „Montalbano aber hatte sich eine genaue Vorstellung ge-macht", in: Andrea Camilleri, *Die schwarze Seele des Sommers,* Bergisch Gladbach 2008, S. 43

[31] Jonathan Safran Foer, Autor des Bestsellers über den Fleischkonsum, *Tiere essen,* in *Die Zeit,* 2010/33, S. 43

[32] Hugo M. Kehr, *Authentisches Selbstmanagement. Übungen zur Steigerung von Motivation und Willensstärke,* Weinheim 2009

[33] Reinhard K. Sprenger, *Mythos Motivation. Wege aus einer Sackgasse,* 19. Auflage, Frankfurt/New York 2010

[34] Jacques Lusseyran, *Das wiedergefundene Licht,* München 2009, S. 21

[35] Siehe auch Jon Kabat-Zinn, *Im Alltag Ruhe finden. Meditationen für ein gelassenes Leben,* 4. Auflage, Frankfurt 2009. Für das Arbeitsleben z. B. David R. Caruso, P. Salovey, *Managen mit emotionaler Kompetenz,* Frankfurt/New York 2005

[36] Jacques Lusseyran, *Das wiedergefundene Licht,* München 2009, S. 15f.

[37] Richard Dehmel, *Gesammelte Werke,* Bd. II, Berlin 1907

[38] Günter Scheich, *Positives Denken macht krank,* Frankfurt 2001

[39] Viktor E. Frankl, …*trotzdem Ja zum Leben sagen. Ein Psychologe erlebt das Konzentrationslager;* München 2006

[40] Niels Pfläging, *Führen mit flexiblen Zielen. Beyond Budgeting in der Praxis,* Frankfurt/New York 2006

[41] Friedemann Schulz-von Thun, Johannes Ruppel, Roswitha Stratmann, *Miteinander Reden: Kommunikationspsychologie für Führungskräfte,* 11. Aufl., Hamburg 2010, S. 52ff.

[42] Juan Ramon Jimenez, *Herz, Stirb oder singe,* Zürich 1977, S. 67

[43] Peter Sloterdijk a. a. O., S. 308

[44] Stefan Brotbeck, *Dir gehört nur, was du geben kannst. Aphorismen,* Dornach 2004, S. 64

[45] Ibid., S. 112

Literatur
(zusammengestellt von Peter Dellbrügger)

Literaturempfehlungen

Im Folgenden findet sich eine kleine Auswahl an Leseempfehlungen zum Thema Selbstführung aus der Literaturliste, die knapp kommentiert wurde, um Hilfestellung bei der Auswahl an vertiefender Lektüre zu bieten.

⚔ Braun, Walter; Müller, Günter F.: *Selbstführung. Der Werk- und Denkzeugkasten für den Einsatz persönlicher Ressourcen,* Bern 2009. Und: Braun, Walter; Müller, Günter F.: *Selbstführung. Wege zu einem erfolgreichen und erfüllten Berufs- und Arbeitsleben,* Bern 2009

Als einer der ersten hat der Landauer Professor für Wirtschaftspsychologie Günter F. Müller sich im deutschsprachigen universitären Bereich mit dem Thema Selbstführung befasst. Beide vorliegenden Bücher sind gemeinsam mit dem Berater Walter Braun verfasst und beruhen auf einem ganzheitlichen Selbstführungsmodell. Zahlreiche Checklisten, Übungen und Reflexionshilfen finden sich im *Werk- und Denkzeugkasten* für diejenigen, die mit solchen Instrumenten und Tools gerne arbeiten. Im Buch *Wege zu einem erfolgreichen und erfüllten Berufs- und Arbeitsleben* hingegen werden mehr die konzeptuellen Grundlagen dieses Selbstführungsansatzes darstellt.

⚔ Dietz, Karl-Martin: *Jeder Mensch ein Unternehmer. Grundzüge einer dialogischen Kultur.* KIT Scientific Publishing 2008, kostenloser Download: http://uvka.ubka.uni-karlsruhe.de/shop/

Als Begründer (gemeinsam mit Thomas Kracht) des Heidelberger Friedrich von Hardenberg Instituts für Kulturwissenschaften und langjähriger Berater in Führungsfragen hat Karl-Martin Dietz maßgeblich die Idee einer dialogischen

Führungskultur entwickelt. Im vierten Kapitel („Selbstführung", S. 89 - 115) des Buches stellt der Autor Aufgaben für die Selbstführung vor dem Hintergrund der Individualisierungsdebatte dar. Die Fähigkeit der Selbstführung ist dabei wesentliches Element der Dialogischen Führungskultur und wird als unternehmerische Fähigkeit mit zahlreichen anregenden und weiterführenden Gesichtspunkten zum Denken, Fühlen und Wollen beschrieben.

⅄ Senge, Peter M.: *Die fünfte Disziplin,* 10. Auflage Stuttgart 2006
Seit bald 20 Jahren der Klassiker zur Idee der lernenden Organisation, geschrieben vom Direktor des Center for Organizational Learning an der MIT School of Management. Die erste der fünf Disziplinen ist die sog. „Personal Mastery" (deutsch: persönliche Meisterschaft, S. 171 - 212), eine kreative Lebensauffassung und Lernhaltung zur individuellen Weiterentwicklung, die eine enge Verwandtschaft zur Idee der Selbstführung aufweist, wie sie in diesem Buch dargestellt wurde.

Literaturverzeichnis

Das Literaturverzeichnis erhebt nicht den Anspruch auf Vollständigkeit, gibt aber einen Überblick über unterschiedliche Auffassungen von und Herangehensweisen an das Thema „Selbstführung".

⅄ Andreßen, Panja: *Selbstführung im Rahmen verteilter Führung: Eine organisationspsychologische Analyse unter Berücksichtigung virtueller Arbeitsstrukturen,* Wiesbaden 2008

⅄ Beck, Ulrich: *Risikogesellschaft. Auf dem Weg in eine andere Moderne,* Frankfurt am Main 1986

⅄ Becker, Helmut L.: *Ganzheitliche Management-Methodik. Die Erfolgsfaktoren der Selbstführung, Mitarbeiterführung und Arbeitsmethodik,* Ehningen bei Böblingen 1989

⅄ Bensmann, Burkhard: *Die Kunst der Selbstführung. Erkenntnisse aus Interviews mit Führungskräften und führenden Kräften,* Norderstedt 2009

⅄ Bischof, Anita; Bischof, Klaus: *Selbstmanagement. Effektiv und effizient,* Planegg 1997

⅄ Braun, Walter; Müller, Günter F.: *Selbstführung. Der Werk- und Denkzeugkasten für den Einsatz persönlicher Ressourcen,* Bern 2009

⅄ Braun, Walter; Müller, Günter F.: *Selbstführung. Wege zu einem erfolgreichen und erfüllten Berufs- und Arbeitsleben,* Bern 2009

⅄ Brotbeck, Stefan: *Dir gehört nur, was du geben kannst. Aphorismen,* Dornach 2004

⅄ Caruso, David R; Salovey, P.: *Managen mit emotionaler Kompetenz,* Frankfurt/New York 2005

⅄ Dehmel, Richard: *Gesammelte Werke,* Band II, Berlin 1907

⅄ Dellbrügger, Peter: "Gestaltungselemente für eine unternehmerische Führungskultur - Das Beispiel der 'Dialogischen Führung' bei dem Unternehmen dm-drogerie markt GmbH & Co KG Karlsruhe", in: Raich, Margit; Pechlaner, Harald; Hinterhuber, Hans H.: *Entrepreneurial Leadership,* Wiesbaden 2007, S. 65 - 79

⅄ Demann, Stefanie: *Selbstcoaching für Führungskräfte. Standard oder Spitze? Selbstcoaching macht den Unterschied,* Offenbach 2014.

⅄ Dietz, Ingeborg; Dietz, Thomas: *Selbst in Führung. Achtsam die Innenwelt meistern. Wege zur Selbstführung in Coaching und Selbst-Coaching,* Paderborn 2007

⅄ Dietz, Karl-Martin: *Jeder Mensch ein Unternehmer. Grundzüge einer dialogischen Kultur,* KIT Scientific Publishing 2008, kostenloser Download: http://uvka.ubka. uni-karlsruhe.de/shop/

⅄ Dietz, Karl-Martin: *Dialog. Die Kunst der Zusammenarbeit,* 3., erweiterte Auflage, Heidelberg 2010

⅄ Dietz, Karl-Martin: *Metamorphosen des Geistes,* Bd. 1-3, Stuttgart 1989-1990

⅄ Dietz, Karl-Martin (Hrsg.): *Leben im Dialog. Perspektiven einer neuen Kultur,* 2. Auflage, Heidelberg 2010

⅄ Dietz, Karl-Martin; Kracht, Thomas: *Dialogische Führung. Grundlagen-Praxis-Fallbeispiel dm-drogerie markt,* 3. Auflage, Frankfurt a. M. 2011

⅄ Frankl, Viktor E.: *Was nicht in meinen Büchern steht. Lebenserinnerungen,* München 1995

⅄ Frankl, Viktor E.: *... trotzdem ja zum Leben sagen. Ein Psychologe erlebt das Konzentrationslager,* München 2006

⅄ Fuchs, Helmut; Huber, Andreas: *Selfness. Nehmen Sie Ihr Leben in die Hand,* München 2007

⅄ Glißmann, Wilfried; Peters, Klaus: *Mehr Druck durch mehr Freiheit. Die neue Autonomie in der Arbeit und ihre paradoxen Folgen,* Hamburg 2001

⅄ Goldfuß, Jürgen W.: *Wer sich nicht führt, der wird verführt. 49 goldene Tipps zum (Über) - Leben.* Paderborn 2009

⅄ Goleman, David: *Emotionale Intelligenz,* München 1996

⅄ Grimm, Jacob; Grimm, Wilhelm: *Deutsches Wörterbuch,* München 1999

⅄ Groher, Jacqueline: *FührungsKRAFT: Erfolgreiche Führung beginnt mit Selbstführung,* Offenbach 2014

⅄ Groß, Michael: *Selbstcoaching: Eigenmotivation, Karriereplanung, Selbstführung – Veränderungen als Chance nutzen und den eigenen Erfolgsweg gehen,* Berlin/Heidelberg 2013

⅄ Häußner, Ludwig Paul: *Dialog, Führung und Zusammenarbeit - Führungspädagogik als Agogik: Analyse und Kritik anhand eines Filialunternehmens im Bereich Drogerie-*

waren, KIT Scientific Publishing 2009, kostenloser Download: http://uvka.ubka.uni-karlsruhe.de/shop/

⅄ Heraklit: *Fragmente,* hrsg. von Bruno Snell, 11. Auflage, Düsseldorf 1995

⅄ Hoffmann, Kai: *Dein Mutmacher bist du selbst! Faustregeln zur Selbstführung,* Wiesbaden 2009

⅄ Hüther, Gerald: *Biologie der Angst. Wie aus Stress Gefühle werden,* Göttingen 1997

⅄ Hüther, Gerald: *Bedienungsanleitung für ein menschliches Gehirn,* Göttingen 2002

⅄ Jans, Annika: *Selbstführung. Techniken der Selbstführung und ihr Einfluss auf die Performance in Teams,* Saarbrücken 2007

⅄ Jimenez, Juan Ramon: *Herz, stirb oder singe,* Zürich 1977

⅄ Junge, Matthias: *Individualisierung,* Frankfurt am Main 2002

⅄ Kabat-Zinn, Jon: *Im Alltag Ruhe finden. Meditationen für ein gelassenes Leben,* 4. Auflage, Frankfurt 2009

⅄ Kampusch, Natascha: *3069 Tage,* Berlin 2010

⅄ Kehr, Hugo M.: *Souveränes Selbstmanagement. Ein wirksames Konzept zur Förderung von Motivation und Willensstärke,* Weinheim und Basel 2002

⅄ Kehr, Hugo M.: *Authentisches Selbstmanagement. Übungen zur Steigerung von Motivation und Willensstärke,* Weinheim 2009

⅄ Klang, Elvira Annette: *Emotionale Intelligenz und Self-Service. Eine curriculare Herausforderung für die Verbesserung von Schulqualität,* Regensburg 2003

⅄ Kubatschka, Anita: *Selbstführung als ein Aspekt der Führung: Theorie und Praxis,* Saarbrücken 2009

⅄ Lord, Walter: *Die letzte Nacht der Titanic,* Klagenfurt 1998

⅄ Lusseyran, Jacques: *Das wiedergefundene Licht,* München 2009

⅄ Lusseyran, Jacques: *Ein neues Sehen der Welt,* Stuttgart 2002

⅄ Martens, Jens Uwe; Kuhl, Julius: *Die Kunst der Selbstmotivierung. Neue Erkenntnisse der Motivationsforschung praktisch nutzen,* 2. Auflage, Stuttgart 2005

⅄ Morgenstern, Christian: *Sämtliche Dichtungen: Stufen: Eine Entwicklung in Aphorismen und Tagebuch-Notizen,* Band 15, Basel 2004

⅄ Neuberger, Oswald: *Führen und führen lassen: Ansätze, Ergebnisse und Kritik der Führungsforschung,* Stuttgart 2002

⅄ Passig, Kathrin; Lobo, Sascha: *Dinge geregelt kriegen - ohne einen Funken Selbstdisziplin,* Hamburg 2008

⅄ Pico della Mirandola, Giovanni: *Über die Würde des Menschen,* München 1996

⅄ Pfläging, Niels: *Führen mit flexiblen Zielen. Beyond Budgeting in der Praxis,* Frankfurt/New York 2006

⅄ Pfläging, Niels: *Die 12 neuen Gesetze der Führung. Der Kodex: Warum Management verzichtbar ist,* Frankfurt/ New York 2009

⅄ Probst, Winfried: *Führe dich selbst. Die eigene Lebensenergie als Kraftquelle nutzen,* 2. Auflage, Wiesbaden 2010

⅄ Pütz, Werner: *Psychische Grundkonflikte im Selbstmanagement-Prozeß von Führungskräften,* Frankfurt am Main u. a. 1997

⅄ Rohrhirsch, Ferdinand: *Unternimm dich selbst. Zur Bedeutung sinnorientierter Selbstführung des Unternehmers,* KIT Scientific Publishing, Karlsruhe 2005, kostenloser Download: http://uvka.ubka.uni-karlsruhe.de/shop/

⅄ Rohrhirsch, Ferdinand; Häußner, Ludwig Paul: *Unternimm mit anderen. Führung als Selbstführung im unternehmerischen Mitsein,* KIT Scientific Publishing, Karlsruhe 2007,

kostenloser Download: http://uvka.ubka.uni-karlsruhe.de/
shop/

⅄ Scharmer, Claus Otto: *Theory U: Von der Zukunft her führen: Presencing als soziale Technik,* Heidelberg 2010

⅄ Scheich, Günter: *Positives Denken macht krank,* Frankfurt
2001

⅄ Schulz von Thun, Friedemann: *Miteinander reden,* Band 3:
*Das „innere Team" und situationsgerechte Kommunikati-
on,* Hamburg 1998

⅄ Schütz, Astrid; Hoge, Lasse: *Positives Denken. Vorteile,
Risiken. Alternativen,* Stuttgart 2007

⅄ Senge, Peter M.: *Die fünfte Disziplin,* 10. Auflage, Stuttgart
2006

⅄ Senge, Peter M; Kleiner, Art; Smith, Bryan; Roberts, Char-
lotte; Ross, Richard: *Das Fieldbook zur Fünften Disziplin,*
5. Auflage, Stuttgart 2004

⅄ Sloterdijk, Peter: *Du musst Dein Leben ändern: Über Anthropotechnik,* Frankfurt a. M. 2009

⅄ Sprenger, Reinhard K.: *Mythos Motivation. Wege aus einer
Sackgasse,* 19. Auflage, Frankfurt/New York 2010

⅄ Sprenger, Reinhard K.: *Das Prinzip Selbstverantwortung.
Wege zur Motivation,* 12. Auflage, Frankfurt/New York 2007

⅄ Sprenger, Reinhard K.: *Aufstand des Individuums,* 2. Auflage, Frankfurt/New York 2000

⅄ Sprenger, Reinhard K.: *Vertrauen führt. Worauf es im Unternehmen wirklich ankommt,* 3. Auflage, Frankfurt/New
York 2007

⅄ Sprenger, Reinhard K.: *Die Entscheidung liegt bei dir!:
Wege aus der alltäglichen Unzufriedenheit,* 14. Auflage,
Frankfurt/New York 2010

⅄ Steiner, Rudolf: *Die Nebenübungen. Sechs Schritte zur
Selbsterziehung,* Dornach 2007

⅄ Steiner, Rudolf: *Die praktische Ausbildung des Denkens,* Stuttgart 1998

⅄ Steiner, Rudolf: *Innere Ruhe,* Stuttgart 2000

⅄ Steiner, Rudolf: *Rückschau. Übungen zur Willensstärkung,* Dornach 2009

⅄ Vandercruysse, Rudy: *Die therapeutische Dimension des Denkens,* Stuttgart 1999

⅄ Vandercruysse, Rudy: "Dialog als emotionale Herausforderung", in: Karl-Martin Dietz (Hrsg.): *Leben im Dialog. Perspektiven einer neuen Kultur,* Heidelberg 2004, S. 39 - 52

⅄ Vandercruysse, Rudy: *Herzwege. Von der emotionalen Selbstführung zum meditativen Leben,* Stuttgart 2005

⅄ Wais, Mathias: *Das Ich findet sich, wenn es sich loslässt. Über den roten Faden im Leben,* Esslingen 2010

⅄ Wais, Mathias: *Die Kraft der Krise. Männliche und weibliche Potenziale, sich neu zu (er)finden,* Esslingen 2010

⅄ Werner, Götz: *Wirtschaft - das Füreinander-Leisten,* KIT Scientific Publishing Karlsruhe 2004, kostenloser Download: http://uvka.ubka.uni-karlsruhe.de/shop/

⅄ Werner, Götz: *Führung für Mündige. Subsidiarität und Marke als Herausforderungen einer modernen Führung,* KIT Scientific Publishing, Karlsruhe 2006, kostenloser Download: http://uvka.ubka.uni-karlsruhe.de/shop/

⅄ Windhausen, Christiane und Reifferscheidt, Birgit-Rita: *Das flüssige Ich: Führung beginnt mit Selbstführung,* Books on Demand, 2012

⅄ Wirth, Bernhard P.: *30 Minuten für bessere Selbsterkenntnis,* Offenbach 2004

⅄ Wunderer, Rolf: *Führung und Zusammenarbeit: eine unternehmerische Führungslehre,* 8. Auflage, Neuwied und Kriftel 2009

⅄ Zürn, Peter: *Zen in der Kunst, sich selbst und andere zu führen,* Königstein/Taunus 1991

Autorenvita:

Rudy Vandercruysse wurde 1949 in Belgien geboren. Nach dem Studium der Psychologie und Philosophie war er in der Psychiatrie und der Erwachsenenbildung tätig. Seit 1990 ist er Mitarbeiter des Friedrich von Hardenberg Instituts für Kulturwissenschaften in Heidelberg, u. a. im Rahmen der Entwicklung einer Dialogischen Kultur. In diesem Rahmen war er Lehrbeauftragter am Interfakultativen Institut für Entrepreneurship (IEP) des Karlsruher Institut für Technologie (KIT) und ist Seminar-Begleiter bei diversen Unternehmen. Außerdem ist er in freier Praxis als Psychologe und Psychotherapeut tätig.